指南针

负 责 指 北

一对一沟通术

任せるリーダーが実践している
1on1の技術

［日］小仓广 著

曹倩 译

天 地 出 版 社｜TIANDI PRESS

图书在版编目（CIP）数据

一对一沟通术 /（日）小仓广著；曹倩译 . —成都：
天地出版社 , 2021.4
ISBN 978-7-5455-6165-4

Ⅰ.①一… Ⅱ.①小… ②曹… Ⅲ.①企业管理—人
际关系学 Ⅳ.① F272.92

中国版本图书馆 CIP 数据核字（2020）第 246402 号

MAKASERU LEADER GA JISSENSHITEIRU 1 ON 1 NO GIJYUTSU
Copyright © HIROSHI OGURA 2019
All rights reserved.
No reproduction without permission.
Original Japanese edition published by NIKKEI PUBLISHING INC. (renamed Nikkei Business
Publications, Inc. from April 1, 2020), Tokyo.
Chinese (in simple character only) translation rights arranged with NIKKEI PUBLISHING INC.,
Japan through Bardon-Chinese Media Agency, Taipei.

著作权登记号　图字：21-2020-43

YI DUI YI GOUTONG SHU

一对一沟通术

出 品 人	杨　政
作　　者	[日]小仓广
译　　者	曹　倩
责任编辑	王　絮　霍春霞
封面设计	古涧千溪
内文排版	冉冉工作室
责任印制	王学锋

出版发行	天地出版社
	（成都市槐树街 2 号　邮政编码：610014）
	（北京市方庄芳群园 3 区 3 号　邮政编码：100078）
网　　址	http://www.tiandiph.com
电子邮箱	tianditg@163.com
经　　销	新华文轩出版传媒股份有限公司

印　　刷	北京文昌阁彩色印刷有限责任公司
版　　次	2021 年 4 月第 1 版
印　　次	2021 年 4 月第 1 次印刷
开　　本	880mm×1230mm　1/32
印　　张	7
字　　数	169 千字
定　　价	48.00 元
书　　号	ISBN 978-7-5455-6165-4

前言

　　"让大家将个体心理学（Individual Psychology）的心理咨询技术运用到经营上，并以此改变世界。"

　　在上面这个想法的驱动下，每年我都会开展 100 ～ 120 次企业培训。但我一直认为，只通过一时的培训难以实现这个目标，还需要让以心理咨询为主体的沟通在企业扎根。在我努力寻找解决办法时，一本书进入了我的视线，书名为《雅虎的一对一：让下属成长的交流技巧》（暂译名，原名《ヤフーの1 on 1　部下を成長させるコミュニケーションの技法》，本间浩辅著，2017 年由钻石社出版，下文均称为《雅虎的一对一》）。看着这本书的封面，我回想起数年前与该书作者本间先生的那次对话。

　　为了能够利用拙作《交办的技术》展开对企业管理层的培训，雅虎公司向我发出邀请，于是在培训前的碰头会上我与本间先生有了那次对话。我针对培训时必须做的事项向当时还是雅虎人事部部长的本间先生进行了确认。

"我在进行'交办技术培训'时，每次都会要求接受培训的人做一件事情。无论是否有事情，每个星期都必须进行一次上司和下属的一对一面谈，时间最好是 1 小时，如果 1 小时有困难，只做 30 分钟的面谈也可以。这便是我的要求。"

当我说完后，本间先生做出一个令我大吃一惊的回答："完全没有问题。我们公司从两年前就开始全面进行一对一面谈了。"

我当时惊讶得说不出话来。在那之前，我曾对 100 多家公司的人事部门提出过相同的建议，但从未有过公司称"我们已经开始进行一对一面谈了"。当时我感觉自己仿佛找到了志同道合的知己，喜悦和激动之情无以言表。那时，我将每个星期一次的"由下属主导，为了下属而进行的面谈"称为"茶歇时间面谈"，我曾一度以为这是我根据自己的经验独创的一个方法。

2017 年，以《雅虎的一对一》这本书为契机，我回忆起与本间先生的对话，于是我大脑中的三个点连成了一条线。这三个点分别是 5 年来我作为社长在自己公司进行的"茶歇时间面谈"，个体心理咨询技巧，我作为人力资源顾问和企业培训讲师这 25 年来的技巧和经验，它们贯穿成了一条线。

我将这三点贯穿起来总结了一套自己的一对一沟通理论，并在此基础上，结合我在其他企业导入一对一沟通理论时获得的成绩与经验写下了本书。我甚至有些自负地认为，在日本，除了雅虎，几乎没有其他公司长期采用这种一对一沟通方式。所以，这本书或许会成为目前市面上少有的系统整理公司内部一对一沟通技巧的指导书。我希望通过这本书能够让一对一沟通不是一时有热度，而是一直沿用下去，也希望以此能够让所有企业和在这些企业工作的人过上更加精彩、幸福的生活。

小仓广

（人力资源顾问、企业培训讲师、心理咨询师）

令和元年（2019年）5月

目 录
Contents

Chapter 03   导入一对一沟通制度时经常出现的疑问

PART 2

面向管理者，
站在一线立场实行一对一沟通制度

Chapter 04   一对一沟通必需的五种技巧

Chapter 05　为我们提供巨大便利的五个方法

Chapter 06　一对一沟通不可或缺的五个要素

PART **1**

面向经营者和人事部门，
站在全公司立场实行一对一沟通制度

本书将为各位读者阐述一对一沟通的实践方法。我们要做的第一步是将一对一沟通作为经营管理的一个工具来服务全局。所以，本书将面向经营者和人事部门，站在全公司的立场，宏观地捕捉一对一沟通的做法，并为大家进行详细的阐述。

Chapter 01

什么是一对一沟通

上司与下属的一对一沟通在硅谷已是常事

各位读者是否听说过现在备受瞩目的一对一沟通（one-on-one meeting）呢？我相信肯定有人会说"当然知道，我们公司已经开始这样做了"，想必也有人会说"虽然我知道这种做法，但是并没有真正实践过"。此外，我觉得很多人在听到一对一沟通时的反应是"一对一？那是什么啊"。

一对一沟通，就是指上司和下属之间，每个星期、隔一个星期或每个月进行一次时长 30 分钟至 1 小时的一对一、面对面的交流。这个一对一交流，即便没有什么特殊的事情要交代，也要定期进行。

以聚集了众多高精尖 IT（信息技术）公司的硅谷为中心，美国已有许多企业正在实践一对一沟通了。据说，最开始将一对一沟通定位为经营中重要事项的人是英特尔公司的前 CEO（首席执行官）安迪·格鲁夫。

2017 年，本间浩辅所著的《雅虎的一对一》与世古词一所著

的《硅谷最强的人才培养方式：人才管理的新常识"一对一沟通"》（暂译名，原名《シリコンバレー式　最强の育て方　人材マネジメントの新しい常識 1 on 1 ミーティング》，2017 年由 KANKI 出版社出版）等图书获得了日本"人力资源奖"（HR Award）书籍类优秀奖。以此为契机，一对一沟通迅速引起世人瞩目，并很快在各个行业得到推广。

现在已经导入一对一沟通制度的企业有很多，在这里给大家列举一下：除了英特尔、微软、雅虎等外资信息技术公司，还包括日本的日清食品、卡乐比、村田制作所等诸多公司。看到这些公司名，不知大家是否发现，导入一对一沟通制度的公司，各个领域都有，也就是说，一对一沟通并没有行业局限性。

从原则上来讲，最好由公司高层带头逐级进行一对一沟通。如下页图片所示，由公司最高层会长或社长对部长、部长对课长、课长对再下一级的组长、组长对组员这样逐级进行，由此达到辐射全公司的目的，是实行一对一沟通制度的关键。在日本，雅虎是最先开始在全公司进行一对一沟通的公司，而他们的做法正如下页图片所示，由公司最高层领导带头进行，并连续 7 年对公司约 7000 人全部进行了一对一沟通，且取得了不错的效果。

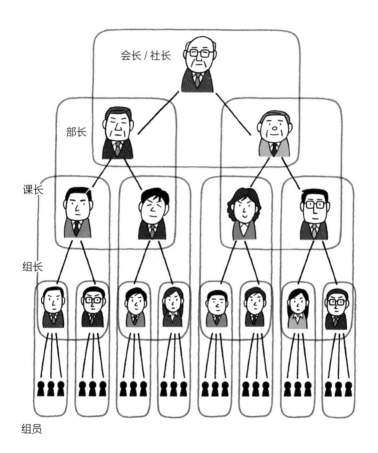

上司与下属的对应关系

从公司最高层到普通员工，一对一沟通覆盖了整个公司。

一对一沟通与人事考核面谈有何区别

"一对一沟通？啊，我知道了，是面谈对吧。我们公司每半年也会进行一两次。"直到现在，还有很多人将一对一沟通与人事考核面谈混为一谈。接下来，我为大家整理一下两者的区别。

一对一沟通与人事考核面谈的区别

项目 方面	一对一沟通	人事考核面谈
频率	每个星期、隔一个星期或每个月一次	每半年或一个季度进行一次，具体按照公司人事考核规定
时间	30分钟至1小时	最短5分钟
对象	与人事考核面谈基本一致	直属上司对要进行评价的下属（主要为该上司的下一级）

续表

项目 方面	一对一沟通	人事考核面谈
目的	一般来说，为了长期培养下属，帮助其确立职场上的心理安全感、提高敬业度（包括与公司的情感纽带、归属感、双方关系），传授工作经验	对人事考核结果进行反馈，对设定的目标完成度或者项目的进度进行确认并提出相应的建议
主题	中长期的深刻且有用的话题（并不紧急的重要事项）及工作经验的积累，回顾并反省在工作中获得的或成功或失败的经验，希望上司帮助自己的地方，不知该怎么解决的工作烦恼，与同事或其他部门的工作人员的人际关系和沟通问题，对于经营方向和经营战略的疑问及意见，中长期的业务改善或改革，个人私底下的烦恼，希望上司预先有所了解的事情等	年初设定的目标完成度
必要的技巧	需要成体系的沟通方法或心理咨询等方面的技巧，包括倾听技巧、鼓励技巧（肯定对方）、提问技巧、反馈技巧等。在刚刚导入一对一沟通制度时，建议进行相关的培训	并不需要特别的技巧
结果反馈目标	无（以培养人才和开发团队潜能为目的）	人事考核及相应的涨工资、奖赏、晋级、人事调动等
正式程序	既有人事部门作为主管正式开展的情况，又有自愿参加的人进行自主活动的情况	人事部门作为主管的一项正式制度

　　看完前面的对比，各位读者觉得如何？是否能够理解一对一沟通与人事考核面谈并非一回事呢？通过这种对比，我相信大家更明确一对一沟通的概念了。在下一节内容中，我将为大家介绍一对一沟通的预期效果及目的。

预期效果 —— 通过提高员工敬业度
达到各种各样的效果

谈到一对一沟通的预期效果，首先可以作为例子的便是员工敬业度（包括与公司的情感纽带、归属感、双方关系）的提高。谷歌公司曾进行过一个代号为"亚里士多德"的项目，这个项目对业绩良好的团队进行了研究，希望能够找到这些优秀团队的秘诀。谷歌通过研究发现，对于业绩影响最大的因素是心理安全感（Psychological Safety）。一个团队只有具备"所有人都有均等的表达机会""可以自由地发表意见""不会被否定"这些条件，业绩才能够得到提升。为了保证员工具有心理安全感，谷歌将一对一沟通定位为五个重要管理方式之一。

或许正是因为研究已经表明心理安全感对企业的业绩有很大影响，所以，近几年"员工敬业度"这个词作为人事管理方面的关键词备受瞩目。员工敬业度一旦提高，就会随之产生以下几种效果。

第一个预期效果是企业灵活性和效率的提高。从缩短劳动时间的角度来看，我们应该削减徒劳无益的会议。比如仅仅是做报告或者根本没必要出席的会议就应当尽可能地减少。像一对一沟通这样有意义的"会议"能够提高生产效率和企业的灵活性。在《雅虎的一对一》这本书中，作者本间浩辅表示，通过进行一对一沟通，企业做出决策与执行决策的速度都有所提高。

第二个预期效果是员工工作积极性的提高。心理学家爱德华·德西（Edward Deci）认为，人的动机分为两种：一种是由赏罚激发、调动的外在动机；另一种是由心理需求激发的内在动机。相信各位读者可以想到，外在动机的效果会随着时间延长逐渐减弱，赏罚力度则需要不断加强。激发内在动机的三种心理需求包括胜任、联结、自主，即在企业中每个人都能够自主选择让自己发挥才能的工作，并且团队需要保持良好的人际关系。而一对一沟通是能满足这三种心理需求的最适合的方式。

第三个预期效果是工作技能的提升。在提升高度化、复杂化的业务技能方面，大卫·库伯的体验学习圈是行之有效的方法。我在后文中会为大家详细介绍有关体验学习圈的理论。总而言之，体验学习是一种提倡人们从实际体验而非从听讲中学习的理论。但是，仅仅积累经验是远远不够的。这个理论要求人们对具体经验进行反思性观察，将结论概念化，然后在新的体验中实践，并不断循环这些步骤。而一对一沟通成为最适合践行体验学习圈理论的方法。在一对一沟通的场景下，双方的对话能够使整个学习圈的过程循环起来。

第四个预期效果是修正员工对理念、战略方向的认知。对于理念、战略等较为抽象的词汇，人与人的理解存在较大的差异。为了减小这种差异，必须将抽象的理念、战略和具体的日常行动结合起来。比如，营销人员与客户的对话内容，或是生产线上的设计、制造等具体业务都可以通过一对一沟通进行确认，并在沟通中修正员工对企业理念、战略认知的偏差。

第五个预期效果是问题的早期发现与应对。如果上司与下属能够定期进行沟通，那么很多问题都能够在早期自行发现。问题发现得越晚就会越严重，也越难处理。通过一对一沟通，可以有效预防问题的发生，将有可能出现的问题提前扼杀在萌芽阶段，这样以后就不需要像打地鼠游戏那样，忙于不断地应对不知道从哪里冒出来的问题了。

第六个预期效果是留住人才，防止人才流失。在老龄化日益严重与日本经济稳健发展的影响下，目前的有效求人倍率（用人需求和求职人数之比）已超过了日本泡沫经济时期的有效求人倍率，达到了 1.63 倍（2019 年 2 月厚生劳动省数据）。这意味着对于企业来说，招聘新人已变得十分困难。事实上，绝大部分企业都没有在防止人才流失方面做过努力。这是一个很神奇的现象。通过一对一沟通，即使能够减少一个人的离职，由此产生的经济效益也能达到数百万日元乃至一千万日元。之所以能够产生这么大的经济效益，

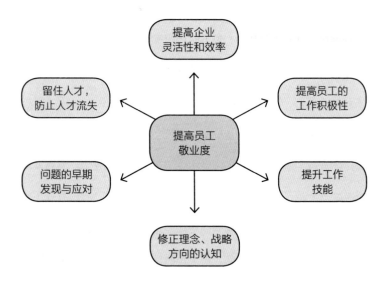

一对一沟通的预期效果

只要员工敬业度有所提高，就会有诸多效果随之而来。

是因为一个员工离职后就会出现空位，公司会招聘一个新人填补空位，招聘与后期培养产生的费用很容易达到这个金额。无论是过去还是现在，上司与下属的人际关系都是位居首位的辞职理由。而采用一对一沟通方式的企业，随着员工敬业度的不断提高，必然能够达到防止人才流失的效果。

此外，一对一沟通还能达到促进员工心理健康这个隐藏的效果。这是多年采用一对一沟通方式的某公司人事部部长悄悄告诉我的。他曾对我说过："采用一对一沟通方式后，令人惊讶的是员工心理健康咨询的次数减少，员工的离职率大幅降低。"

2015 年，日本开始要求企业对员工进行压力检测，企业需要直面如何解决员工心理健康的问题。而一对一沟通就是最好的选择。

常见的失败案例和应对方法

上一节为大家介绍了一对一沟通的预期效果，但这个方法并非只有优点。如果弄错了方法，就很容易导致失败。因此，这就需要我们能够预测并想办法避免可能发生的风险。

1. 没有时间，无法进行

在进行一对一沟通的初期，我被询问最多的问题是"没有时间怎么办"。大家真的没有时间吗？对所有人来说，时间都是公平的，每个人每天都有 24 小时。所以，这些人并非没有时间，而是还有优先于一对一沟通的其他事情或者一对一沟通的事被排在很后面吧。搞清楚了问题的本质，答案就很简单了，只要优先一对一沟通即可。

我曾在大型人力资源公司——Recruit 公司工作，在这里，越是业务繁忙的顶级销售人员，越是被要求作为面试官面试应聘者。

我曾经也是他们中的一员，曾因为公司不断给我安排面试而向上司抱怨过。当我委屈地向上司抱怨"跟客户约的时间与面试时间冲突了"的时候，我的上司却平静地对我说："跟客户重新约时间吧。"我认为上司之所以会这样要求我，是因为这个公司贯彻的方针是"比起营销业务，更优先人员招聘"。

因此，只要将一对一沟通作为"经营的优先事项"，就不会有"忙得没时间"这样的说法了。企业高层能够真正将一对一沟通定位为经营最重要的事项，并亲自介入，才是解决这个问题的唯一办法。

2. 没有可聊的内容

根据我的经验，如果能够很好地运用一对一沟通，就不会出现没有可聊的内容这种情况。

在一对一沟通这个概念尚未普及时，我就从 2010 年开始在自己经营的一家小型咨询公司，每个星期与多位咨询部长进行 1 小时的一对一沟通，并把这种做法坚持了 5 年。当时我并不知道一对一沟通这个概念，我自己将这种做法命名为"茶歇时间面谈"。当时每个星期 1 小时的沟通并非以上司为中心，而是以下属为中心，这种做法正是现在我们所说的一对一沟通。

　　那时，我从来没有在与下属沟通时出现过没有可聊的内容这种情况。如果有些读者朋友坚持认为"到时候就是会没有什么可聊的"，那么可能出现了以下几种问题，相应的解决策略附在后面供大家参考。

　　①没有理解一对一沟通的目的，仅仅把它当作工作联络或业务咨询

　　⇨　**解决策略**　彻底理解一对一沟通的目的（改善上司与下属的关系，提高员工敬业度，让体验学习圈循环起来）。

　　②上司与下属没有建立起信赖关系，下属无法吐露心声

　　⇨　**解决策略**　前三次一对一沟通可以不聊工作上的事，而是努力加深双方的了解，建立安心、安全及信赖的关系。

　　③对于该聊些什么完全没有头绪

　　⇨　**解决策略**　制作一份一对一沟通的话题列表，并与沟通对象分享，在适应一对一沟通前一直使用这张列表进行沟通。

　　④即便尝试了一对一沟通，也感受不到什么成果

　　⇨　**解决策略**　双方需要明确"成果"的定义。在我指导的企

业中，大部分都将这个"成果"集中在"提高员工敬业度"和"让体验学习圈循环起来"这两点上。这样就不会出现因没有取得立竿见影的效果（"营业额、效益没有立刻增长"或"看不到下属的成长"等）而感到焦急万分的情况了。我们要做的是将这个"成果"定义为"双方关系有质的提高"或"从经验中学到了东西"。如果双方能够明确这一点，就不会抱怨为何"感受不到成果"，可以踏踏实实地继续执行一对一沟通了。

⑤在一对一沟通中只是闲聊

⇨　**解决策略**　在③的解决策略中提到了话题列表，这个做法虽然行之有效，但是针对⑤这个问题，仅仅拥有一张话题列表还远远不够。出现这个问题的原因是主导一对一沟通的上司并不具备倾听、鼓励、提问、反馈这些沟通技巧。为了能够充分发挥一对一沟通的作用，要求上司必须掌握沟通的技巧、形成正确的概念、掌握正确的方法。因此，企业在正式导入一对一沟通制度前，有必要对管理层进行相关的培训。

如果公司高层和人事部门没有做好导入一对一沟通制度的事前准备，而是凭感觉进行一对一沟通，就很容易出现上述问题。仓促地导入一对一沟通制度，很容易进展不顺，然后就会产生不愿意继续做下去的心理，这样一来，再想重新开始非常困难。我建议大家要事先做好准备，制定好问题的解决对策，然后再导入一对一沟通制度。

一对一沟通的目的 —— 让两个圈循环起来

一对一沟通的目的并非解决短期的业务问题，而是从中长期的角度培养独立自主的人才、提高员工敬业度。这需要大家记住很好用的"两个圈"。其中一个"圈"就是前面提到的大卫·库伯的体验学习圈。

人并非通过已有的知识学到东西，而是通过自己的体验得出知识理论时才能深刻地学到东西。若不伴随相应的体验，所谓的知识就只不过是纸上谈兵。大卫·库伯提出的这套理论将"体验"放在了循环圈的起点，可以说既独特又实用。

为了能够充分利用库伯提出的体验学习圈理论，我将上司在一对一沟通中能够起到的作用归纳为"提问""归纳总结""鼓励""交办"这四点。首先，下属在工作中会经历成功或失败，然后就会自我反省。而能够帮助下属自我反省的便是上司的提问，比如，上司可以询问下属"这次取得成功的关键点是什么""应该如

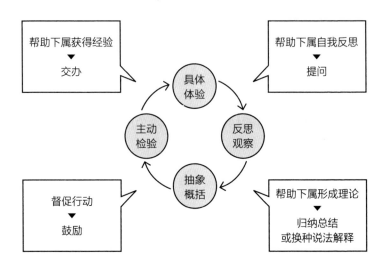

体验学习圈示意图

为了让下属的体验学习圈循环起来，上司需要提供"提问""归纳总结""鼓励""交办"这四种帮助。

何避免失败"等问题。在上司提问的引导下，下属的脑中便会生成一些想法。比如，下属可能会想到"那时要是早点儿找有关部门商量就好了"或者"不知道该怎么办的时候应该优先考虑顾客的想法而非公司内部的做法"等。但是，这些想法在这一阶段还很模糊，无法很好地用语言表达出来。

那么，接下来上司应该察觉并理解下属这些无法用语言很好地表达出来的想法，然后通过归纳总结，帮助下属将这些想法"概念化"，形成理论。这时，我希望大家一定要试着采用临床心理学家、哲学家尤金·简德林和卡尔·罗杰斯共同提出的"尝试理解"（Testing Understanding）这个方法。也就是说，上司要多次重复"在我听来你内心真正的想法是……我这样理解对吗"这样的提问。通过这种做法，下属就会发现之前忽略了的想法或重点，从而成长起来。

但要注意的是，将想法转换为理论并非这个圈的终点。接下来要做的是立刻将这个理论反馈到下一次实践中。为了能够让这个圈再一次循环起来，需要上司给予下属"鼓励"，要通过"下次你一定可以"等鼓励的话督促下属行动起来。通过反复让这个圈循环，下属的知识和经验会不断累积，这样下属会逐渐成长。上司在这个圈中的职责就好比上页图中的箭头，要发挥让学习圈加速循环的作用。

通过这样的做法，下属不仅获得了成长，还掌握了成长的方法，也就是体验学习圈的循环法。

第二个"圈"是丹尼尔·金教授提出的"组织的成功循环模型"［原题为《组织成功的核心理论是什么》（*What is Your Organization's Core Theory of Success*）］。这个圈以"关系的质量"为始点，这是这个理论最为独特的一点。一般来说，大部分组织都会将"结果的质量"作为循环的始点。很多时候，在不断追求结果的过程中，下属会与上司的关系渐渐疏远，会造成"关系的质量"变差。于是"思考的质量""行动的质量"都会随之降低。从最终结果来看，最希望得到的"结果的质量"也很糟糕。丹尼尔·金教授的建议是改变这个循环的始点。我们在最开始要做的不是追求结果，而是让双方的"关系"变好。这样一来，"思考的质量""行动的质量"乃至"结果的质量"都会随之提高。

我在前面的内容中为大家介绍过谷歌公司那个代号为"亚里士

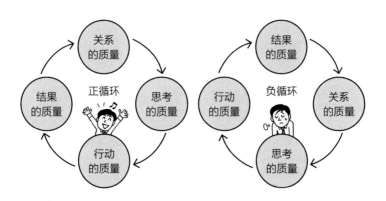

组织的成功循环模型示意图

以"结果的质量"为始点将导致负循环，因此要从提高"关系的质量"开始做起。

多德"的项目，这个项目的研究结论便是"心理安全感会带来优秀的业绩"。而这个结论正好与"成功循环模型"传达的观点一致。这个循环的独特之处就在于它将"关系的质量"放在了这个圈最开始的地方。

随着人工智能技术的不断发展，电脑能够取代更多人类的工作，今后我们能够从事的工作恐怕仅限于像谷歌这样具有创造性的革新工作了吧。即便做不到革新，今后所有的企业也都需要适应产业结构的变革。

所有行业都有一个共同的课题，那便是一直以来的做法已不能继续沿用。因此，企业有必要接纳、采用突破以往常识的意见。不要因为过去没有先例，与现有模式冲突就排斥这种意见。即使是多么不合常规的意见，也要允许这种意见的存在。这才是真正的心理安全感，才能够有效改善双方的关系。如果能够保证这一点，那么思考的质量、行动的质量都会相应地提高，并最终带来结果质量的提高。

最后，企业需要将改善双方关系这个目的真正地落实下去，在一对一沟通的双方之间达成共识，这也是非常重要的一件事。否则就会像我在前文为大家介绍的常见问题一样，给双方造成"一对一沟通看不到成果"的错误印象。要让一对一沟通的双方明白这样做并不是为了追求"结果的质量",而是为了提高双方"关系的质量",让体验学习圈循环起来,这才是一对一沟通最大的成果。双方对这个目的的理解也是一对一沟通取得成功不可或缺的一点。

"关系的质量"与"心理安全感"
能够提高效率的理由

丹尼尔·金教授的"成功循环模型"表明关系质量的提高能够带动结果质量的提高，而谷歌公司的研究表明"心理安全感"能够帮助团队取得优秀的业绩，大家应该很容易凭感觉理解这些结论。接下来我想运用自己的专业领域——个体心理学，进行更深层次的分析，相信能够帮助大家加深理解。

个体心理学被认为是当今心理疗法的主流"认知行为疗法""焦点解决短期治疗"等模式的起源之一。在一百年前个体心理学便倡导目的论而非原因论，具有划时代的创新意义。个体心理学也颠覆了之前弗洛伊德提出的精神分析理论中的原因论，这就好比日心说颠覆了地心说，是极具革新性的观点。

目的论认为，人会重复某个行为或出现某种情感，虽然是由某种原因导致的，但这个原因不过是影响因子，决定因子还是个人的决定，而这个决定往往带着某种目的。举个例子解释就是，原因论认为我们的愤怒是对方的行为引起的；反之，个体心理学则认为我们的愤怒带着某种目的，为了达到这个目的，才产生了愤怒这种情绪。而这个目的可能是"支配、控制对方"，或者是"获得优越的地位"等。

如果对方做了错事或者做出惹恼自己的行为，有的人会表现出愤怒，但有的人则不会。即便是在同样的状况下面对同样的对象，每个人做出的反应也各不相同。这并非"原因"造成的，而是每个人不同的"目的"造成的。这便是目的论的观点。每个人要选择什么都取决于自己，这种选择是个人的自由。

个体心理学进一步推进了目的论的观点，找到了人类共同的终极目标——社会归属感。人是一种无法独自生活的社会性动物。在生物学分类上，人类属于群居动物。人类的起源是智人（Homo Sapiens），而智人曾是经常被野兽袭击的弱小动物。随后，智人发明了"群居"，通过互帮互助实现了生存的延续。当初的智人如果加入群体就能够活下去，否则将无法生存。

对于现代的人类来说，"归属感"也极其重要。我们每一个人在刚生下来还是小婴儿时就经历过拼命追求"归属"的时期。这个时期我们在母亲身上寻找归属感。如果小婴儿得不到母爱，没有这份归属感，他就会因为没有奶喝而活不下去。因此，我们都曾在生命之初寻找过这种拼命想获得母爱、延续生命的归属感。

社会由一个个人类个体组成，而处于这个共同体中的人才是社会人。因此，人类一旦感受到了无法获得归属感的危机，脑中就会响起警报，甚至可能因为感受到了"生命的危机"而做出一些过激的行为。

一个人如果平时能够在家庭、职场或朋友圈中拥有足够的归属感，遇到"归属"问题时，就不会有过激反应。反之，他如果平时没有足够的归属感，那么在遇到上司的斥责或他人的否定等一些小事时就会有过激反应。反应在他的行为上往往是"攻击"或"逃避"。

"攻击"是平时行动力强的人会做出的选择。他们试图通过攻击他人或者强行让对方采纳自己的意见等方式获取归属感。

而"逃避"则是平时行动力较弱的人会选择的行为。这类人往往做出不与他人产生交集、不与人交往的行为。也就是说，他们害怕因为人际关系的失败而受伤，在他们看来，与其因失败的人际关系而受到伤害，还不如什么都不做，并且逃避与他人有交集这件事。

这两种过激行为往往都会导致糟糕的后果。为了追求归属感而做出的这些行为甚至可能使他们更加找不到归属感。

丹尼尔·金教授提出的提高"关系的质量",也就是通过一对一沟通使员工敬业度有所提高,这能够让这些过激行为有所缓解。也就是说,上司通过运用"倾听"和"鼓励"这两种技巧,让下属在一对一沟通中切实感受到"归属感"。这样一来,下属既不会产生过度的自卑感,又不会制定过高的目标,而是能够切合实际地制定理性的目标,并且之后能够冷静地应对问题。

这样做增强了下属的"心理安全感",双方"关系的质量"也会随之提高,那么最终"结果的质量"也会提升,于是丹尼尔·金教授的"成功循环模型"就完成了。通过一对一沟通提高员工敬业度和影响"结果的质量",也是同样的道理。

导入一对一沟通制度的四个阶段

正式制度与非正式制度

第二章将为大家具体介绍一对一沟通制度的导入方法。

我有多个身份，既是企业的人力资源顾问，又是个体心理学派的心理咨询师，同时也是企业行政教练（Executive Coach）。至今为止，我已帮助很多企业导入了一对一沟通制度，并辅助他们顺利实行。以企业的实际操作与实行效果为标准，我认为可以将一对一沟通分为以下两种方式。

第一种是正式制度，即在企业内部正式推行一对一沟通制度。这种方式通常有企业高层参与，由人事部主管。具体来说就是，人事部将一对一沟通制定为一项企业内部的制度，并设计各种规则，制作操作手册发给员工。此外，公司还会组织一对一沟通技巧培训、进行事前事后的问卷调查、日志管理等。比如谷歌、雅虎等公司都采用了这种方式，在公司推行一对一沟通制度。

第二种则不涉及人事部等主管部门，公司采取的行动仅停留在组织一些培训的层面，参加者自愿进行一对一沟通，属于企业内部的非正式制度。当然，这种方式是不存在规定或操作手册的，也没有事前事后的问卷调查等帮扶制度。这种方式主要是公司高层或部门领导以个人的名义向下属推荐一对一沟通，在进行几次培训后，便交由一对一沟通的双方自行处理。

虽然我不方便向大家透露采取这种方式的企业名字，但我可以告诉大家，采取这种方式的大多都是员工人数达数千甚至数万的大型集团的某个部门或子公司。此外，很多中小型企业在社长的号召下，员工自发地进行一对一沟通。

选择进行非正式制度的一对一沟通的企业，不论其规模大小，往往都考虑今后将这种制度正式化。只不过他们想先看看实行效果如何，所以，他们往往采用非正式制度的方式进行尝试。特别是员工人数超过数千人的大型企业，在企业内部推行某个正式制度，要冒巨大的风险。

一般来说，大企业的人事部门多采取保守态度；而部门领导或子公司领导则大多采取较为革新、主动的经营方式。这些主动革新的领导往往会直接找到像我这样的人力资源顾问，然后在他们主管的部门或子公司率先开始新的尝试。

　　对于正式制度和非正式制度的一对一沟通，我会用不同的方法帮助企业顺利进行。在支援正式制度下的一对一沟通时，我会以人力资源顾问的身份参与进去。我的具体工作就是帮助该企业进行项目整体的设计，然后让该企业从各个部门选出 6 ～ 10 名员工，并让这些员工负责项目会议的管理工作，制定待办事项和日程安排。然后，我会协助他们制定规则、制度等（如操作手册、问卷调查、发表会、一对一沟通的数据体系建设等）。

　　而在支援非正式制度的一对一沟通时，我则以培训讲师的身份参与其中。首先，我会以公司高层为对象进行为期三天（有时仅需要一两天）的导入一对一沟通制度的培训。我重视的并非灌输式学习，而是实践。因此，这个培训的大部分时间都让参加者进行角色扮演或小组讨论。此外，这三天培训并非连续进行，而是隔 1 ～ 4 个星期培训一天，在这期间，参加者可以互相扮演上司、下属的角色，进行一对一沟通练习（我将这个做法称为"自主训练"），然后我会要求他们提交报告。对于仅靠这几天培训无法教授的具体技巧和观点，我会选定几本关于心理咨询的书籍，要求他们写读后感，并在培训最后一天以笔试的形式确认他们的掌握情况。当然，在企业内部正式推行一对一沟通制度，这个导入培训更加必不可少。

此外，不论哪种推行方式，我都建议该企业进行后续培训，即"一对一练习"。以学习高尔夫为例来解释大家就明白了，不论教练如何教授打高尔夫球的正确姿势，一旦自己一个人练习，就会在不知不觉中改变姿势，恢复到原本的样子。姿势走样这件事仅靠自己是无法预防的，所以需要专业教练定期检查，纠正自己打高尔夫球的姿势。因此，我建议在导入一对一沟通制度后，最少用一年的时间进行后续培训，可以以一个季度一次的频率持续下去。

在后文中，我将为大家具体介绍一对一沟通制度的导入方法。上面讲到的非正式制度的一对一沟通，一般需要企业高层接受三天时间的培训才可以开始。关于这部分内容我会在后面的章节进行阐述。接下来，我为大家介绍一对一沟通作为正式制度进行的具体流程。

可行性试验的流程

在正式导入一对一沟通制度前，我建议企业在内部先进行可行性试验（即以确立这项制度为前提进行试验性质的导入）。这个可行性试验只需要选出特定的部门，在这个部门试验性地进行 3 个月一对一沟通即可。

不进行可行性试验，直接在整个企业推行新制度，需要冒巨大的风险。在某个部门进行试导入的做法能够降低风险，同时在该部门获得的问卷调查数据和反馈意见等也能在某种程度上反映出推行过程中会遇到的问题和应预先制定好的策略。

因此，我在辅助企业进行一对一沟通时，会建议对方分为下面几个阶段。

阶段 0（可行性试验的准备，一般为期 1 个月）

◎ 确定可行性试验 1 和可行性试验 2 的实施部门；

◎ 决定待办事项和日程表；

◎ 制定暂行的"临时规定"和"临时操作手册"（后文将具体介绍如何制定暂行的"临时规定"。阶段 1 之后将利用试行阶段获得的数据对这一"临时规定"不断进行修正和完善）；

◎ 为了让经营者体验一对一沟通的效果，邀请外部的专业指导或心理咨询师进行一对一沟通。

阶段 1（在总公司人事部门进行的可行性试验 1，一般为期 3 个月 +1 个月）

◎ 在人事部门等总公司内部选出试验对象部门，进行一对一沟通制度的试验性导入培训（一般为期 3 天）；

◎ 开始为期 3 个月的一对一沟通的可行性试验；

◎ 根据问卷调查的数据制定课题和解决策略；

◎ 讨论有关"临时规定"和"临时操作手册"的修订；

◎ 制定后续的帮扶方式；

◎ 为了让经营者体验到一对一沟通的效果，邀请外部的专业指导或心理咨询师进行一对一沟通。

阶段 2（在一线部门进行的可行性试验 2，一般为期 3 个月 +1 个月）

◎ 以销售、生产等一线部门为试验对象部门，进行一对一沟通制度的试验性导入培训（一般为期 3 天）；

◎ 开始为期 3 个月的一对一沟通的可行性试验；

◎ 根据问卷调查的数据制定课题和解决策略；

◎ 进一步修订、补充、完善阶段 1 时修改过的"临时规定"和"临时操作手册"；

◎ 修改、补充后续的帮扶方式；

◎ 选定一对一沟通的主管，并将一对一沟通的内容明确化；

◎ 为了让经营者体验到一对一沟通的效果，邀请外部的专业指导或心理咨询师进行一对一沟通。

阶段 3（将一对一沟通制度导入整个公司，一般为期 3 个月）

◎ 在除试验对象部门外的整个公司进行一对一沟通制度的导入培训（一般为期 3 天）；

◎ 根据问卷调查的数据制定课题和解决策略；

◎ 验证一对一沟通与人事考核、教育培训制度之间的关联度；

◎ 确立后续培训的制度并开始运用该制度；

◎ 为了让经营者体验到一对一沟通的效果，邀请外部的专业指导
　或心理咨询师进行一对一沟通。

也就是说，要在阶段 0 时制定好"临时规定"，并以这个"临时规定"为基准在公司的人事部门等进行可行性试验。关于这个"临时规定"，我推荐大家采取在后文中为大家介绍的相关方法进行实践。尽管是可行性试验，但如果没有一定的暂行规定，一对一沟通进行起来就会乱七八糟，毫无章法可言。因此，"临时规定"必须制定出来。

我一般会建议企业将最初的可行性试验对象选为人事部门。因为人事部门的员工往往对招聘或人事考核等相关事宜有丰富的经验，他们中很多人拥有最基本的面谈技巧，所以出问题的风险相对少一些。此外，人事部门是今后推行一对一沟通制度的主管部门，所以由他们最先实践更为有效，更有利于成功。在可行性试验 1 中，将以在人事部门实践而来的数据或意见作为参考，修改"临时操作手册"的各个项目和规定，并逐渐形成"本公司独有的操作手册"。具体来说，需要人事部门每个星期或隔一个星期进行一对一

月份	阶段	企业内部一对一沟通	方案	培训	专业人士与经营者沟通
1月	阶段0				
2月～5月	阶段1　在总公司人事部门进行的可行性试验1	在人事部门等试验导入一对一沟通制度	对阶段1进行分析，选取有关课题，选取操作手册内容	对有关对象进行培训　可行性试验1	
6月～9月	阶段2　在一线部门进行的可行性试验2	在销售、生产等一线部门试验导入一对一沟通制度	对阶段2进行分析，完善操作手册，制作表格，准备发表会	对有关对象进行培训　可行性试验2	
10月～12月	阶段3　将一对一沟通制度导入整个公司	确立一对一沟通制度	验证一对一沟通与其他制度之间的关联度，修改操作手册和表格，确立后续培训制度	在整个公司进行培训　后续培训	

一对一沟通制度的导入阶段

企业从 1 月开始着手导入一对一沟通制度的时间安排表。

沟通，同时每个月举行一到两次一对一项目会议，并在会上参考问卷调查统计的数据，对有关问题进行讨论。

可行性试验 2 则需要在销售、生产等一线部门进行。比如，如果是贸易公司，就要选在销售部门；如果是产品制造业公司，就要选在生产或设计部门。总之，第二轮可行性试验的试验部门要选择各个企业的核心部门，并且这个部门要拥有一定人数的员工。一线部门与人事部门不同，一般管理层都比较欠缺面谈技巧。并且，由于工作性质和工作内容不同，在第一轮人事部门中没有暴露出来的问题会在第二轮中发现。接下来，要在一线部门的一对一沟通试验中发现问题，并基于人事部门一对一试验中修订过的"临时操作手册"或规定等进行进一步完善，完成"本公司独有的操作手册"。

到了阶段 3，终于要开始在整个公司导入一对一沟通制度了。之后的 3 个月，需要一直监督一对一沟通制度的实行情况，不断完善操作手册或规定，发现并解决问题。此外，还需要确立后续培训制度，向企业高层定期提交报告制度（需要报告实行状况、员工满意度等内容）等。阶段 3 最后的收尾工作一定要逐一落实。

补充一点，如果是小型企业的话，只需要完成可行性试验 1 或可行性试验 2 中的其中之一即可。重要的不是细节，而是让计划→

执行→检查→处理这个 PDCA（Plan-Do-Check-Action，戴明循环）循环起来。通过可行性试验的实施以及问卷调查的监督，使"临时操作手册"不断得到完善，只有这样，才能最终制定出一项实效性高的一对一沟通制度。

至此，相信各位读者对人事部门主管的一对一沟通制度的全貌已经大致有了了解。接下来，我将为大家详细介绍每一个阶段的做法和关键点。

阶段 0：可行性试验的准备

如果一个企业打算像谷歌或雅虎那样在企业内部正式推行一对一沟通制度，那么我建议最好成立一个专门的项目小组。

企业正式导入一对一沟通制度时使用的操作手册
项目小组的成员要以操作手册的内容为议题，反复进行讨论。

比如，可以将人事部门的主管任命为这个项目小组的组长，让企业的某个高管担任项目总监，并任命课长级别的领导为项目带头人等。此外，在选人时还要注意跨部门。项目小组以 6 ～ 10 人为宜。原本我打算定在 6 人左右，但考虑到有些公司很难控制这个人数，所以便设定了 10 人这个上限。项目小组由人事部主管，并且小组成员分别来自销售部门、技术部门、管理层等。虽然每个公司都有自己的做法，但一般来说大部分公司都会从课长到部长级别的人员中选择项目组成员。

这个项目小组的最终目标为将一对一沟通作为一项正式制度在公司推行，以及确立一对一沟通的后续帮扶制度。项目小组要做的事情具体有：制作一对一沟通操作手册，设计一对一沟通事前与事后的问卷调查（分为线上回答、统计，线下使用答题纸填写、回收统计两种方式），制作一对一沟通中使用的简易表格，制作一对一沟通模板等辅助工具，设计发表会，选定一对一沟通的主管并进行培养，定期监督实行状况，决定公司内部的信息共享方式等。其中，操作手册上的内容会直接作为今后一对一沟通制度正式实行时的规定。操作手册内容的选定均需要经过项目小组成员的同意，其内容可以有如下项目。

操作手册上记载的规定范例

◎ 建议进行一对一沟通的频率（每个星期一次、隔一个星期一次、每个月一次等）；

◎ 建议进行一对一沟通的时长（30 分钟、45 分钟、60 分钟等）；

◎ 进行一对一沟通的目的（改善上司与下属的关系、提高员工敬业度、让体验学习圈循环起来等）；

◎ 一对一沟通的主题（需要决定双方是否可以聊日常业务上的短期小问题；什么话题可以作为一对一沟通的重要事项，但不属于中长期的关键问题或紧急问题等）；

◎ 一对一沟通在企业经营中的定位（企业的理念、展望、与经营计划的关联度等）；

◎ 一对一沟通的风格（严厉型、亲切型、公事公办型、闲聊型等）；

◎ 一对一沟通与其他面谈形式的区别（比如与人事考核面谈以及其他各类面谈、会议的区别）；

◎ 一对一沟通的场所（会议室、休息室、公司外的咖啡店、车内等）；

◎ 一对一沟通的时间（工作时间内、推荐的时间段等）；

◎ 一对一沟通的准备（是否设定待办事项，由上司还是下属设定等）；

◎ 一对一沟通结束后的后续工作（是否需要填写、提交问卷调查以及问卷调查的内容）；

◎ 一对一沟通的数据收集统计（是否要记录实行状况，是否定期统计下属的满意度，是否使用线上系统等）；

◎ 确定一对一沟通的监督方式、频率，各部门共享反馈信息的方法；

◎ 设置一对一沟通热线（如何应对一对一沟通时的性骚扰、职权骚扰等）；

◎ 一对一沟通的环境（一对一沟通过程中有电话打进来该如何应对，一对一沟通较其他会议的优先顺位等）；

◎ 选定一对一沟通的主管并进行培训，确定具体的活动内容。

在阶段 0 这个可行性试验尚未进行的阶段，我建议大家不要将上述事项全部确定下来。在尚未获得实际体验时就仓促制定规定，只不过是纸上谈兵的做法，是在浪费大家讨论的时间。因此，我建议大家可以先制定一个"临时规定"，然后按照"临时规定"进行一对一沟通试验。届时，大家可以直接使用本书介绍的内容。总

之，首先要做的就是在公司进行一对一沟通试验。如果感到本书的
"临时规定"有不适合的地方，那么相应地进行调整、修改就可以
了。我认为调整和修改应该在可行性试验完成后进行。

除了上述内容，还有以下内容可以补充写入操作手册，但并非
必须。关于这些内容也要通过可行性试验积累经验，并依据这些经
验逐步调整、完善。

操作手册上记载的规定范例以外的补充内容

◎ 一对一沟通中的常见问题（在进行可行性试验的过程中进行问
  卷调查，选取常见问题并设计好问答）；

◎ 一对一沟通的注意事项及关键点；

◎ 一对一沟通时必要的技巧（倾听、鼓励、提问、反馈等）；

◎ 为了更深入地学习一对一沟通，制定推荐图书列表等。

其实，这个操作手册本身并没有什么深刻的意义。在制作操
作手册的过程中，可以让项目组成员针对"我们公司独有的一对一
沟通应该是什么样的"这一话题展开讨论，并借此加强员工的责任
感。我认为，这才是最有意义的事情。

如果仅停留在讨论阶段而不进行输出，就很容易虎头蛇尾。因此，我建议项目小组在试行一对一沟通时，最好将制作操作手册设定为一个直观的目标，然后再去推进这个项目。

最后，一对一沟通能否成功，与企业能否充分利用外部的专业指导或心理咨询师密切相关。在导入一对一沟通制度的企业中，企业高层往往会主动邀请专业人士定期对自己进行一对一沟通的指导。可以说，一对一沟通能否成功也取决于企业高层的责任心。如果企业高层能够主动体验一对一沟通的效果，并接受专业人士的指导，以身作则掌握一对一沟通制度的实行方式，就会取得极佳的效果。在一对一沟通中，企业高层往往只能扮演"上司"这个角色，而无法体验"下属"的角色。但是，站在对方的立场，这种经验是最为重要的。因此，需要借助外部专业人士的力量。为了取得成效，请各位务必考虑邀请外部的专业人士提供帮助。

阶段 1：在总公司人事部门进行的可行性试验 1

如果在阶段 0 中制定好了"临时规定"，并已经启动了项目会议，接下来请坚持定期召开一对一沟通的项目会议。我指导的实行一对一沟通制度的企业，一般每个月召开两次项目会议，每次 3 小时。

前面的章节为大家介绍过，规模较大（员工达 1000 名以上）的企业，需要将可行性试验分为两个阶段进行。这两个阶段分别是在人事部门等进行的可行性试验 1 和在销售、生产等一线部门进行的可行性试验 2。可行性试验 1 的目的是制定暂行规定，可行性试验 2 的目的是验证这个暂行规定是否科学合理。在可行性试验 1 中，具体的输出是进一步完善阶段 0 中的"临时操作手册"，完成操作手册的第一稿。接下来，企业将使用这个操作手册的第一稿进行可行性试验 2。

在进行可行性试验 1 的人事部门，员工在试行一对一沟通时并没有可行性操作手册。在前文中提到过，人事部门的员工较其他部门而言，拥有更为娴熟的面谈技巧。因此，可以推断，在人事部门试行一对一沟通，即便没有可行性操作手册，出问题的概率也比较小。此外，人事部门会成为今后正式实行一对一沟通制度的主管部门，所以即便初期经历失败，也是必要的。从这个角度来看，很多时候，企业在推行一对一沟通时都应该将前期的可行性试验分为1、2两个阶段。

话虽如此，但不需要强行分阶段进行。规模较小（员工未满1000人）的企业、已经适应行政体制高效化改革的企业、办事雷厉风行的企业，如果重视推行速度，那么可以跳过可行性试验1、2中的某一个阶段，集中精力完成其中一个阶段即可。

如果在可行性试验1开始时制定好了项目会议的日程表，那么可行性试验1和项目会议便可以同时进行了。我终于要为大家具体介绍在率先尝试一对一沟通的部门如何进行可行性试验了。

当然，作为开始的前提，该部门的管理层需要接受为期3天的一对一沟通制度导入培训。虽然这是试行一对一沟通，但也要格外重视。若在没有基本面谈技巧、指导思想、方法的情况下贸然开始一对一沟通，效果势必不会理想。

在阶段1中，项目小组成员每个月两次的项目会议和定期在该部门进行的一对一沟通是同时进行的。虽然从时间上来看，两者同时进行，但是从结果上来看，是先得出"可行性试验的结果（问卷调查统计）"，再"在项目会议上讨论、达成一致意见"。

从这个角度考虑，在可行性试验实施时需要上司、下属都填写问卷调查，并进行简单的统计。

我建议大家可以将下列项目加入问卷调查。

◎ 实施者（上司与下属的名字、员工工号等）；

◎ 实施日期；

◎ 实施时长（×× 分钟）；

◎ 上司发言占比与下属发言占比；

◎ 综合满意度（对一对一沟通的试行是否满意，评分可分为五档）；

◎ 倾听（下属填写"上司是否认真倾听"，上司填写"是否能够认真倾听下属发言"，同样评分可分为五档）；

◎ 双方关系是否有所改善（上司、下属均以五档进行评分）；

◎ 能否利用在一对一沟通试行过程中获得的经验（上司、下属均以五档进行评分）；

◎ 希望今后改进的地方等感想。

**（这部分需要上司和下属分别记录自己的主观感受，然后比较
两份问卷调查的结果。）**

接下来，要以问卷调查的结果为参考资料召开项目会议。不过
并不需要在会上做什么很复杂的事情，只需要参考一对一沟通时双
方提交的回答和感想即可。

我建议，在问卷调查中，上司和下属的问题统一。比如在双方
的问卷调查中都应设置"对一对一沟通的满意度如何""在一对一
沟通中，上司是否充分倾听下属的发言，并给予足够的理解"这样
的问题。这样一来，通过双方的回答就能看出上司与下属的感受和
想法的差别。在分析问卷调查结果时，经常会出现这样的情况：上
司认为自己十分认真地倾听了下属说的话，在 5 分满意度中给自己
打了 4 分；但下属却认为上司并没有认真听自己说的话，于是只打
了 2 分。从这些问卷调查的反馈中能够发现许多问题，项目小组要
做的事情就是针对这些问题商讨解决对策、提供帮助，将一些做法
制度化，形成固定的章程。

项目小组的第一次会议，应该做的事情是确定操作手册的目
录。大家可以参考本书第 46 ～ 47 页的条款先制作一份临时的操

作手册，然后参照问卷调查的结果，逐一对每个条款进行商讨和完善。

阶段 1 的具体目标是完成操作手册的第一稿。这个过程所需的时长为 3 个月 +1 个月，总计 4 个月最为标准。这 4 个月期间，最好能够通过 8 次左右的项目会议完成操作手册的第一稿，为接下来的可行性试验 2 做准备。

阶段 2：在一线部门进行的可行性试验 2

如果在阶段 1 中完成了一对一沟通操作手册的第一稿，就可以准备阶段 2"在一线部门进行的可行性试验 2"了。

在这个阶段，参与了可行性试验 1 的人事部门员工需要继续留在可行性试验 2 的项目小组中。也就是说，从参与人数上来讲，在可行性试验 1 的参与者的基础上追加多名生产等一线部门的新成员。在新的项目小组中，来自人事部门的员工在定位上相当于"前辈"，而新加入的成员则相当于"后辈"。由于人事部门的"前辈"们率先进行了一对一沟通的尝试，具有一定的经验，所以需要他们主导项目会议。新加入的"后辈"们因为没有相关经验，所以在一对一沟通试行过程中，他们要不断表达自己的感受与想法。这些都是为今后在全公司实行一对一沟通制度做的准备。

前文为大家介绍过，阶段 1 的最终目标是制定出操作手册的第一稿，而阶段 2 要验证这个操作手册的第一稿是否科学、合理。也就是说，跟阶段 1 比起来，阶段 2 的起点某种程度上已粗具雏形。当然，这个过程也可以视作阶段 3 "导入整个公司"的一个试演练。

人事部门的员工与生产等一线部门的员工在工作性质、工作效率甚至人才类型上都有很大差异。因此，很多时候即便是在同一个公司，在阶段 1 设定的假说到了阶段 2 也可能不成立。正因为如此，阶段 2 的实施具有极为重要的意义。并且，生产等一线部门的员工人数往往是人事部门的好几倍，所以用来验证"临时规定"和操作手册第一稿的科学性与合理性是至关重要的。

举个例子，我指导某个企业实行一对一沟通制度时曾出现过下面这种情况。

之前在人事部门以每个星期一次的频率进行一对一沟通试运行时并没有出现任何问题，然而到了一线部门就有人反映"一个星期进行一次并不现实"。经调查发现，有些一线部门领导手下的员工超过了 15 名。虽然在企业组织架构图上写着该级别领导下属的员工为 10 名，但实际情况却是他要管理 15 名以上下属。我们从这件事上获取到的经验便是，要提前限定好"由下属人数决定实行频率"这一指标，具体来说，就是按照下属人数将具体的实行频率定为每个星期一次、隔一个星期一次或每个月一次。

　　此外，在人事部门试行一对一沟通时，因为很多人都具备一定的面谈技巧，所以几乎不会因为找不到话题而进行不下去。但是到了生产一线部门，经常有人反映"不知道该说什么"这个问题。于是，在项目小组的会议上，大家就制作了"一对一沟通主题示例"列表，下发到生产一线部门，帮助他们解决这个问题。

　　还有很多人提出"看不到成果"这样的困扰。一旦参与者感受不到成果，那么一对一沟通这个制度就很难推行下去。因为从人的本质上来说，人们很难坚持看不到收益的行为。这时要与对方沟通的便是"成果的定义"，也就是"究竟一对一沟通追求的成果是什么"。这个项目最好的地方就在于并非只是讨论一些很抽象的、纸上谈兵的问题，而是从实际出发，围绕"员工的诉求"展开讨论。也就是说，并不是上来就直接让大家讨论"一对一沟通的目的是什么"，而是针对"在实际中有人抱怨看不到成果，我们该如何定义一对一沟通的成果，究竟一对一沟通的目的是什么"这种参与者切实遇到的困难或问题展开讨论。从这个立场出发，搞清楚"本公司进行一对一沟通的目的"才是切合实际且有用的。

　　可行性试验 2 要与之前的可行性试验 1 一样，回收问卷调查，并参照问卷调查的反馈反复验证"临时规定"的合理性与科学性；

根据实际需求灵活地完善操作手册和辅助工具，不断对内容进行升级。

此外，阶段 2 还需要做阶段 3 的准备工作，具体来说就是，为在整个公司实行一对一沟通制度进行启动会议的准备，还要在高层会议上获得许可，通过公司内部宣传册进行宣传等。

这时行之有效的做法是，以率先开始试行一对一沟通、已具有一定经验的人事部门成员为中心，选定一对一沟通的主管。一对一沟通的主管主要负责对管理层领导进行轮回指导、设计后续的培训、作为培训导师帮助一对一沟通顺利进行。此外，将每个部门都进行分组，选定部门的总负责人，开设一个员工随时可以求助的窗口，也是非常好的做法。

总的来说，像我这样的外部指导是没有办法永远为某个企业提供帮助的，最长一年、最短半年我们就会退出企业的一对一沟通项目。但一对一沟通却要一直持续下去。为了在没有外部专业指导的情况下也能继续顺利进行一对一沟通，初期的项目小组解散后，企业要设立辅助后续实行一对一沟通制度的帮扶小组。这时，一对一沟通的主管就要作为这个帮扶小组的核心成员，为整个公司的员工提供帮助。

阶段 3：将一对一沟通制度导入整个公司

终于到了"将一对一沟通制度导入整个公司"这个阶段了。之前，已经通过阶段 1 和阶段 2 两个可行性试验的实施制定了"本公司特有的一对一沟通制度"，在阶段 3 我们将利用之前制定好的规定正式实行一对一沟通制度。

开始我们要做的事情便是召开启动会议。公司全体员工都参加自然最为理想，如果召开全体员工大会有困难，那么仅召集管理层领导开启动会议也是可以的。并且，还可以以视频的形式召开线上会议。

在启动会议上，一定要涉及以下四点内容。

◎ 项目主管（社长、部长、课长级别领导）对一对一沟通的看法；

◎ 汇报项目流程、解释操作手册的概要；

◎ 参与者的感想（参与了可行性试验的上司与下属的感想）；

◎ 今后的计划等。

在谈到上述内容时，希望大家不要使用互相看不到对方表情的方式，也不要用客观而理性的语气说明或通知，而是要保证能够互相看到表情，用自己的情绪和对这项制度的期待感染对方。因此，在启动会议前要认真设计好台词，在发表时最好加上背景音乐，使用 PPT（演示文稿）进行讲解。此外，一对一沟通参与者上台谈切身感想和播放受访者视频等突出真实性的环节最好也能设计进去。

还有一点就是，为了能够让一对一沟通一直进行下去，定期的监督工作是必不可少的。员工会因为"这是企业高层关注的指标"而对这件事更加重视。比如，企业高层如果非常关注业绩和效益，那么员工同样会重视业绩和效益。同理，如果企业高层很关注"一对一沟通制度的实行率和满意度"，那么员工必然会重视这件事。也就是说，为了让一对一沟通能够一直进行下去，就要将一对一沟通制度的实行率和满意度等数据化，每个季度或半年在会议上向企业高层进行报告。

实行率等数据可以通过一对一沟通的问卷调查获取。为了便于统计，建议大家最好不要手动统计和计算，如果能使用一套简单的系统进行统计就能更高效地完成这项工作。这些数据最终会成为一对一沟通制度实行过程中的初始数据库，所以可以利用 Office 系统中的 Access（微软公司发布的关联式数据库管理系统）进行统计，必要的话也可以委托专业的技术人员定制一款数据统计软件。当然，购买一款数据库软件包或者经由云服务器搭建 ASP（Active Server Page，是微软公司开发的一种服务器端脚本编写环境）也是可以的。

作为推进一对一沟通制度实行的有效手段，推荐大家使用公司内部的宣传册。我任职于 Recruit 公司时，由于曾担当过公司内部宣传册的主编，所以对这个做法有切身感受。在公司内部的宣传册上可以定期连载一些主题为"我的一对一沟通"等企划内容，这样做能够有效维持员工进行一对一沟通的热情。

同样，选出实行率或满意度高的部门，然后评选出"最佳一对一沟通奖"进行表彰，也是非常有效的方法。

还有一点非常重要，在进行一对一沟通时不要仅仅为了坚持做下去而做，而要在坚持做的同时不断提高品质。为了达到这个目的，企业需要提供后续的培训。在前文我为大家举例解释过，这就好比练习打高尔夫球时，最初在专业教练的指导下能够打出一个标准的挥杆，但几个月过后就渐渐回到一开始的样子了。一对一沟通所需的沟通技巧也是同样的道理。

为了不让原本已经掌握的技巧退步，最起码也要每半年进行一次培训，最好能够做到每个季度培训一次。我虽然一直在为导入一对一沟通制度的企业提供后续培训，但有时也会收到"希望能够有公司内部的讲师参与"或者"最好以公司内部讲师为主进行培训"的意见。这时，我会传授他们建导（Facilitation）技巧或指导技能，让该企业内部的讲师成长起来。不论是企业外部的讲师还是内部的讲师，都是为了保证一对一沟通的质量而存在的，所以希望企业无论选了哪一种讲师都能在企业内部进行后续的相关培训。

虽然在阶段3的实施过程中，通过上述各种方式维持一对一沟通在企业内部的关注度非常重要，但是验证一对一沟通与同时并行的其他制度之间的整合性也是不容忽视的一点。比如，一对一沟通与人事考核、晋升、人事调动等能否关联起来，是最先需要考虑的问题。在我看来，一对一沟通的目的是人才培养和促进企业发展，所以我反对将一对一沟通与人事考核关联起来。但这是我的个人观点。关于一对一沟通与人事考核的关联以及与其他已有制度之间的整合性都应该是项目小组结合本公司具体情况认真讨论的课题。

　　同样，如果企业还在进行其他面谈或会议，为了避免重复，最好进行适当调整。

　　正如上述介绍，为了让一对一沟通作为企业内部的一项重要的管理方式扎下根来，我们需要通过不断的努力来完善其制度并使其实行下去。在一对一沟通制度导入整个企业后，希望大家能够在后续监督与适当调整的同时，认真建立好后续的培训体制，并检验一对一沟通制度与其他制度的关联性，使一对一沟通能够作为一个完美的制度一直实行下去。

Chapter 03

导入一对一沟通制度时经常出现的疑问

经营者常提出的疑问

接下来，我将为大家罗列出在导入一对一沟通制度时，收到的诸多疑问和我给出的回答。不过，这些回答只是我个人的看法，所以无法保证一定是最优解。希望大家将这些回答看作解决问题的参考思路即可。

Q　一对一沟通是否真的能够提升业绩，取得很好的效果？该如何测定其效果？

➡　首先需要明确究竟什么才是一对一沟通应该取得的效果。如果实行了一对一沟通制度，企业的业绩和效益并没有提升，就断定一对一沟通没有效果，这实在是一个过于轻率的判断。我们要明白，决定企业业绩、效益的因素有很多。一般来说，最好是以中间成果而非最终成果来定义一对一沟通的成果。很多企业都会以问卷调查的形式，对上司与下属关系的改善、员工敬业度的提高等切身感受进行判定，并将员工对一对一沟通的满意度和对业绩提高的期待程度等主观看法以数据的形式呈现，这样的做法才具有现实意义。

Q 我感觉我们公司不适合实行一对一沟通制度。适合实行一对一沟通制度的公司和不适合的公司有什么区别？

⇨ 从我辅助许多企业导入一对一沟通制度的经验来说，最初导入时企业之间确实存在顺利与否的区别。这种差异大多与企业在沟通方面的风气有关。特别是在上级命令下级执行这样的风气很重的企业，一对一沟通制度在最初导入时往往伴随着很多困难。但是，重要的并不是"现在"公司有什么样的风气，而是"今后"公司打算营造什么样的风气，难道不是吗？如果一个企业有了"今后的新目标"，比如打算将一直以来上级命令下级执行的风气改变为自由度高、具有创造性的风气，或者希望员工不再只是盲目地等待上级的指示，而是能够独立思考、自主性强，或者工作不再是机械地重复，而是更具有改革和创新性等，那么我认为一对一沟通绝对是一个强有力的方法。

Q 今后有在公司实行一对一沟通制度的打算，感觉目前对本公司来说为时尚早，想等时机更成熟一些再实行，可以吗？

⇨　我不太明白为何您会认为"为时尚早"，所以不好作答，请允许我用一般的情况进行阐述。这个问题在我看来与"先有鸡还是先有蛋"的问题一样，到底是为了导入一对一沟通制度先在公司创造一个容易交流的环境好，还是为了创造一个容易交流的环境而导入一对一沟通制度好。如果贵公司考虑的是前者的话，那么最好采用一对一沟通以外的方式创造一个容易交流的环境。虽然我不知道贵公司打算采用什么方式，但是我脑海中完全浮现不出一个比一对一沟通更适合打造良好交流环境的方法。如果是这样的话，在我看来，还不如早点儿用一对一沟通打造容易交流的公司环境。这样不是更好吗？不知这样解释，贵公司意下如何？打个比方，一对一沟通并不是速效药，而是慢慢起作用的中药。总的来说，我认为一对一沟通比较容易着手。

Ｑ　是不是一对一沟通必须公司高层亲自实践？是不是中小企业需要社长亲自实践，大企业需要部长级别的领导亲自实践？在我们公司似乎有点儿难以实现……

⇨　我并不认为公司高层必须亲自实践。各个级别有各个级别的领导，比如部长、课长、组长等。如果能将范围缩小，那么课长或组长也可以自主判断是否要跟下属进行一对一沟通。当然，如果一对一沟通能够作为一项整个公司正式推行的制度，并且公司高层也有很强的推行决心，那肯定是更强有力的支持。但是，这些并不是必需的。只要课长或组长有强烈的意志推行，并且手下员工也有一定的意愿，小规模地在公司进行也是可以的。事实上，有很多企业都是在某个部门或小组小规模地进行一对一沟通的。

Q 在整个公司进行一对一沟通前，先由社长和董事会成员或者仅由管理部门的员工尝试进行，可以吗？

⇨ 当然可以。小范围进行一对一沟通既可以看作可行性试验，又是推进企业改革的常规做法。改变一个大型企业是很难的，与其直接改变整个企业，不如先从比较容易入手、容易出成果的特定部门展开操作。当取得了巨大改变和重大成果后，可以将这个成果作为宣传材料，推广到整个公司，这也是企业改革的一种做法。我认为可以将在整个公司进行一对一沟通作为目标，先在特定部门进行试运行，这也是一种很好的方法。

Q 必须每个星期进行一次一对一沟通吗？频率可以再降低一

点吗？此外，每次的时长必须是 30 分钟吗？ 15 分钟左右可以吗？

⇨ 我认为在适当的范围内可以对时间进行调整。从我任社长进行了 5 年一对一沟通的经验来看，最起码要保证每个星期或隔一个星期一次，每次的时长基本保持在 30 ～ 60 分钟，如有特殊情况可做相应调整。在《雅虎的一对一》这本书中也写道，雅虎公司的建议是"可以每隔一个星期进行一次 15 分钟的一对一沟通，最好不要间隔太久，最起码每三个星期进行一次"。

此外，最初开始将一对一沟通定位为经营中最重要事项的英特尔公司前首席执行官安迪・格鲁夫在其著作《格鲁夫给经理人的第一课》中谈到了其观点：一对一沟通的频率主要取决于下属对工作的熟悉程度。具体来说就是，如果是在发展速度较慢的研发部门，即便每个月一次也可以，而在发展速度较快的市场部则需要频繁地进行一对一沟通。此外，成熟老练的员工可以减少一对一沟通的次数，而经验尚浅的下属则要提高一对一沟通的频率。

安迪・格鲁夫对一对一沟通的时长还做出以下阐述：如果时长过短，下属便无法提出棘手的问题，只能提一些简单的问题。所以至少留出能够充分讨论棘手问题的时间。他认为最少也要设定 1 小时。

顺便一提，在我带领的员工人数为 20 名左右的咨询公司，我每个星期都会与部长级别的领导进行 1 小时一对一沟通。我们公司的情况也请各位参考。

Q 即便开始了一对一沟通也坚持不下去吧？我们公司工作非常忙，再加上公司正在实行减少加班的举措，这方面的压力也很大，我很担心根本没有时间进行一对一沟通。

⇨ 我非常理解您的担心。问题并不在于没有时间，每个人每天都有 24 小时，时间对每个人都是公平的。其实这个问题的核心是优先做哪件事情，是优先进行一对一沟通，还是去做日常的业务。已经进行一对一沟通 7 年的雅虎公司与其他公司比起来，我并不认为他们就拥有更充足的时间。在我看来，这其实是公司高层是否相信一对一沟通的效果，是否想提高一对一沟通的优先程度，是否很坚定地进行下去的问题。

Q 虽然我很想尝试一对一沟通，但是不想以自上而下的方式进行，最好下属能够主动提出这个要求。我该怎么办呢？

⇨ 以公司内部交流的活性化或培养下属等为主题，在公司内部建立一个专项小组，推进相关问题的讨论，您认为这一做法如何？届时大家便会将一对一沟通作为一个解决问题的方式，展开讨论。在最初导入一对一沟通制度时，可以不以自上而下的形式进行，而是以专项小组提议、高层批准的形式进行。

此外，正如第二章所述，在导入一对一沟通制度时要先在特定部门进行可行性试验，然后利用获取的数据对其他员工进行启蒙教育，这样更容易推行。

人事部门常提出的疑问

Q 在没有其他人的房间进行一对一沟通，有性骚扰或职权骚扰的风险。请问该如何预防此类问题呢？

⇨ 预防此类问题，可以对执行一对一沟通制度的上司或领导进行相关的教育和培训，也可以试试后面章节中为大家介绍的倾听等面谈技巧的培训。

为了预防各类骚扰情况，公司最好设立"一对一热线"，以便能够迅速应对。为了解决这类问题，建立一个员工可以通过邮件或电话直接找到人事部门、律师或外部咨询师等的求助体制，提前做好预防措施、应对策略极为重要。

此外，为了能够尽早察觉职权骚扰等迹象，进行一对一沟通后，让上司和下属写下感想、做问卷调查等，这些留下记录的方式也非常有效。

Q 在什么场所进行一对一沟通更合适呢？在咖啡店或者餐厅可以吗？

⇨　一般来说，在公司的会议室进行就可以了。但据说，在导入一对一沟通制度的企业，会议室不够用或员工躲在会议室里不出来的情况时有发生。一旦遇到没有会议室可用的情况，很多人会选择去外面的咖啡店等地方进行一对一沟通。但是在公司外部进行一对一沟通，存在公司机密信息与个人信息泄露的风险，还会产生额外支出（几乎没有公司会报销在咖啡店进行一对一沟通时员工支付的饮品费用）。人事部门很难在明面上推荐或批准员工在公司外进行一对一沟通的做法，往往默认可以这样做而已。

此外，如果公司的经费充足，那么可以以此为契机打造一个与以往不同的开放式空间供员工使用。

Q 一边吃饭或者喝东西，一边进行一对一沟通可以吗？

⇨　原则上是不行的。一边做别的事情一边对话，很容易局限于无关紧要的事情。而且一边做其他事情一边进行一对一沟通，员工很难感受到自己被重视。如果喝的是含酒精的饮品，沟通效果就更差了。

此外，喝点儿茶饮、咖啡，或者吃一点儿小零食、糖果，反而有促进双方良好沟通的效果。

Q 如何彻底保证双方履行一对一沟通的保密义务呢？

➪ 在一对一沟通中，必须严格履行保密义务。如果上司将下属的私人情况或者有关同事的信息等说出去，就会破坏双方之间的信任关系。原则上，为了下属能够放心地在一对一沟通中袒露心声，需通过事前的培训或人事通知等形式告诉上司，对于一对一沟通的谈话内容有保密义务。

对于需要上报更高级别的领导或高层的信息，比较合适的做法是经下属同意后再向有关部门上报。

Q 应该在上班时间进行一对一沟通，还是在下班后进行？

➪ 当然应该在上班时间进行一对一沟通。占用私人时间进行一对一沟通是违法的。

Q 人事部门如何帮助其他员工顺利进行一对一沟通？

➪ 最先要做的事情是决定以哪种形式进行一对一沟通，是在全公司正式推行，还是在有意愿的员工中间小范围进行（具体内容请参考第二章）。如果是前者，人事部门要做的事情非常多；如果是后者，人事部门需要做的只有事前导入或后续培训。

如果要在整个公司正式推行一对一沟通制度，人事部门在正式导入前就要以主管部门的身份发挥领头羊的作用。这就需要人事部门制定适合本公司的各项规定和制度。并且，导入一对一沟通制度后，效果的评定、后续培训的开展和解决一对一沟通中出现的问题等都属于人事部门应该提供的帮助。

Q　下属担心在一对一沟通中的谈话内容会影响上司对自己的评价，怎么办？

⇨　在进行一对一沟通前，有必要让上司和下属都明确的一点是，一对一沟通的目的只是改善上司与下属的关系，提高员工敬业度，让体验学习圈循环起来而已。所以公司必须让双方明白一对一沟通属于带有教育性质的手段，与人事考核完全无关。这一点与上面的保密义务同等重要，都需要提前告知。

Q　下属抱怨"在一对一沟通中，上司说了太多话，他根本不听我说"。这个问题应该反馈给当事人吗？该由谁告诉当事人呢？

　　⇨　导入一对一沟通制度，最重要的是"质"与"量"的保证。关于"质"的保证，最需要的是定期后续培训以及培训导师的帮助与建议。而这些工作的依据便是问卷调查、实行记录以及一对一沟通热线收到的反馈。将沟通意见委婉地反馈给当事人，有助于解决问题。

　　人事部门或者培训导师需要定期管理收集到的信息。关于"上司说得太多"这个问题，人事部门或培训导师可以委婉地向当事人反馈。必要时，人事部门或培训导师向该当事人的上一级领导报备，也是有效的做法。需要注意的是，必须事先征得反映这个问题的下属的同意。

　　Q　是否需要记录每一次的实行状况？问卷调查每次都要做吗？

　　⇨　在前文我为大家介绍过，为了提前预防可能出现的问题，为事后解决问题提供帮助，问卷调查或记录实行状况都是有效的做法。并且这些数据和资料对后续的培训和培训导师给出指导意见都能够起到很大的作用。从这个角度来看，一旦打算将一对一沟通作为一项正式的制度在公司推行，并且设定人事部门主管这项制度，就要记录每一次的实行状况。

此外，如果需要记录每一次一对一沟通的实行情况，就要花时间制作一个简易的专用网页，以供员工在上面记录。参与一对一沟通的上司和下属要花时间在该网页上进行填写，人事部门要定期对内容进行监督和管理，并制作成报告书。这些耗费时间和精力的事情很有可能引起参与一对一沟通的员工的不满，使他们产生厌烦情绪，而这些问题也要事先考虑到。

因此，在决定是否每次都记录实行情况或者是否以正式制度推行一对一沟通前，有必要充分考虑和商讨这样做会带来哪些优点与缺点。

此外，网页上的问卷调查完全可以使用便捷的计算机工具制作，比如使用已有的系统、相关的免费软件等。

Q　一对一沟通与人事考核面谈、目标管理面谈之间的区别是什么？

➪　请参照本书第 8 ～ 9 页的内容。

Q　遇到人事调动、升职、退休等情况该怎么办？

⇨　如果上司遇到了人事调动，那么在新的部门继续进行一对一沟通即可。但是，很多时候进行一对一沟通都是在双方互相理解的情况下开始的，一旦人事调动过于频繁，很容易引起下属"又要从头开始啊……"的反感。

对于在新的部门进行一对一沟通的上司，需要进行导入培训。如果这个部门或团队有足够的人数，那么定期进行团体培训是没有问题的；如果部门或团队只有一两个人，培训就难以进行了。为此，我在辅助某个企业导入一对一沟通制度时，会将在那家企业进行的导入培训以视频的形式录下来。当该部门或团队凑够三个人，可以进行角色互换练习时，我会以视频 + 角色互换的方式进行简易版的培训。

如果下属要辞职，是将一对一沟通进行到最后，还是当那位下属提出辞职时就立刻中止与他的一对一沟通，这取决于各个公司的人事政策或公司高层的判断。

管理者常提出的疑问

Q 下属跟我说"我没什么想聊的事情"，该怎么办？

➡ 为了更容易聊起来，可以准备几个话题让下属选择，这是一个很有效的方法（请参考本书第 57 页）。

此外，还可以利用体验学习圈，不论从事什么工作，下属都能借此找到想要跟上司沟通的话题。上司可以提问"距离我们上次进行一对一沟通已经有一两个星期了，工作上有什么问题吗？正在进行中的事情也可以，谈谈你的收获或遇到的问题"，在此基础上，围绕体验学习圈的循环进行提问。

很多时候，上司可以将下属经常提问的话题进行扩展，比如针对之前下属提过的问题，下一次就可以问："上次你说的那件事情，现在有什么进展或变化吗？"

除了上述两个方法，还有一种做法是让下属提前准备好一对一沟通的话题。这种做法有利有弊。优点显而易见，聊天的内容已经准备好了，所以聊天时不会无话可说；缺点是由于下属提前准备好了聊天的话题，一对一沟通时聊的内容很容易受到局限，上司很难在沟通中听到下属当下的感想。并且，下属事先准备聊天话题会经过深思熟虑，上司可能很难了解到下属真正的想法。因此，希望大家充分考虑利弊后再选择更合适的做法。

Q 无话可聊的时候太尴尬了，时间剩余很多。两个人都沉默不语，简直坐立难安。在这种情况下，该怎么办？

⇨ 我在做社长的 5 年时间里，每个星期都会与下属进行一对一沟通，从来不会出现时间剩余很多的情况。有可能因为对方是具有较高沟通能力的管理高层，沟通才会比较顺利。另外，一旦双方都适应了一对一沟通这种形式，下属就会放下戒备，话题会不断涌现，根本不用担心没的聊。

不过，如果下属没有对上司敞开心扉，气氛就难以活跃起来。如果上司一直打断下属的话或者武断地下指令，下属就不想与上司推心置腹了。上司一旦发现下属并没有敞开心扉，就需要努力改善双方的关系。为了让下属对自己敞开心扉，在进行一对一沟通时，上司要努力倾听下属的发言。即便下属不愿意与自己进行深入的沟通，上司也要明白这不是下属的错，而是一直以来双方没有建立足够的信赖关系，这时上司更要注重多倾听、少批评。

Q 虽然我明白一对一沟通的重要性，但是我的工作实在太忙了，没有办法进行。有什么解决的办法吗？

➡ 每个公司的管理者几乎都日理万机。那些推行了一对一沟通制度的企业的管理者一样繁忙。绝对不是因为他们很闲所以才有时间推行一对一沟通制度，他们跟各位一样，每天要忙于处理各种事情，但他们依然能在繁忙的公务中抽出时间进行一对一沟通。因此，没有时间并非问题所在，说到底，还是一对一沟通在各位心里的优先顺序的问题（请参见本书第 72 页）。希望各位能够将一对一沟通放在优先的位置，并腾出时间去进行。

此外，对于进行一对一沟通这件事情，想法不要过于极端。如果无法每个星期都进行一对一沟通，那么隔一个星期一次或者一个月一次也是可以的。时长上也一样，如果 30 分钟有困难，就坚持每次 15 分钟。或者这个星期完成不了，下个星期一定补上。像这样从能做到的事情做起，一点点积累和坚持下去是最重要的。

最后，补充一个能够有效帮助我们坚持一对一沟通的做法。在一对一沟通的时间需要调整时要当场决定新的时间。比如这一次本来已经订好了时间要进行一对一沟通，但因为有急事不得已要改时间，那么请不要"稍后再决定下次的实行时间"，要"当场订好下次的实行时间"，这样做有助于我们彻底执行计划。

Q　有特别不喜欢的下属，跟他进行一对一沟通太痛苦了。我该怎么办？

⇨　人都有自己的喜好，这是没办法的事情。但是不能因为对方是自己讨厌的下属，就把他赶出自己的部门。我们要接受对方是自己的下属这个事实，然后积极地思考如何才能与对方相处得更融洽。相信大家逐渐能体会到，一对一沟通其实也是一个改善双方关系的绝佳机会。

希望各位不要将一对一沟通的时间定义成与讨厌的下属度过的痛苦时间，而是要将这个时间看作最适合改善与对方关系的时间。

Q　我和好几名下属的关系都很好，私下经常闲聊，是不是就不需要跟他们进行一对一沟通了？

⇨　请注意，一对一沟通并不是用来闲聊的。即便平时交流很频繁，也不一定涉及"中长期的目标""深刻的业务话题"；即便下属能够向上司报告或者与上司商量业务上的事情，双方也不一定有机会针对今后"中长期的目标"或"深刻的业务话题"进行沟通。比如，下面这个对话即便进行了，也不能称为一对一沟通。

下属："我成功地与 A 公司签了合同。"

上司："这样啊，恭喜！真是太好了！"

上面这样的对话只不过是在传达一个客观事实而已。一对一沟通中要聊的话题远比上面的对话深刻得多，比如"这次是怎么跟对方签下合同的？诀窍是什么？重点是什么？""如何才能把这次的成功经验分享给其他同事呢？""通过这次成功的案例你学到了什么？""这次的成功经验还能运用到什么工作上呢？"顺着这个思路，相信大家就会明白，即便上司跟下属的关系很好，平时经常聊天，也不能认为一对一沟通没必要进行。

Q　可不可以减少一对一沟通的频率，或者偶尔让其他领导代替？

⇨　一对一沟通的目的是上司与下属一起努力提高员工敬业度，一旦中途换人就达不到预期效果了。我认为结合实际情况适当减少频率是可以的。比如，雅虎公司制定的实施方针就是"三个星期进行一次一对一沟通"（请参照本书第71页）。如果一个月都进行不了一次的话，就不是真正意义上的一对一沟通了。

Q 如果下属说的内容明显是错误的，这个错误非纠正不可，那么这时可以打断对方的发言吗？

⇨ 可以。比如，下属在有关法律、行业规定、公司经营理念、公司规定等方面出现了明显的错误，那么可以具体指出他的问题所在（请参照本书第120～124页"反馈"的内容），并要求对方改正。如果这个问题是反映上司个人对于某种价值观的优劣、正误、好坏等判断，这个判断非常主观并不是客观的，那么可以提前表明"接下来这个看法只是我的个人观点……"做一个铺垫。要注意，在表达自己的观点时最好有所保留。

此外，打断下属的发言并全盘否定，这个做法是不正确的。可以先表达对对方观点无条件的肯定以及共鸣、理解（请参照本书第108～109页），在充分理解了对方的观点后再谈自己的看法。比如，我们可以说"原来如此，你是这么看待这个问题的啊。你的想法我听明白了。我能理解站在你的立场会这样看问题"等。在此基础上再表示"接下来是我的一点个人看法……"，就能够达到不错的效果了。

Q　听到下属的抱怨不满、对公司高层的批评甚至是诋毁，我自己很不愉快，很想教育他。我可以这么做吗？

⇨　原则上，这个问题的处理方式跟上一个问题的处理方式是一样的。首先要无条件地肯定对方并表示出理解和共鸣，然后再跟对方表达自己的观点。届时，在听明白对方的观点后，可以利用个体心理学中的"三棱镜"来引导对方。也就是说，当对方不停地批评他人、抱怨不止时，我们可以向他提问"接下来，我们聊什么呢？从'那个坏蛋''可怜的我''接下来怎么办'里选一个话题吧"。当我们让对方在这三者里进行选择时，几乎所有人最终都会选择"接下来怎么办"。于是，对方就会发现批评与抱怨是一件多么没有意义的事情。

需注意的是，提问的前提是倾听完对方的发言。如果一对一沟通的时间是 30 分钟，那么前 15 分钟就可以一直倾听下属发言，上司不要否定也不要提建议。听完对方的发言后，再将"三棱镜"问题抛出。如果一开始就把"三棱镜"问题提出来，那么可能会起反作用。

Q　在一对一沟通中，下属提了好几个建议。他的这些建议全部都要采纳吗？

⇨　下属能够主动提出建议是好事，请务必表示出自己的喜悦和感谢，并鼓励对方。但上司没有义务采纳下属的全部建议。你可以尝试向对方提问："我们该如何实现你这个建议呢？你会怎么做？我应该做什么？"下属并不是把自己的建议一股脑儿地抛给上司就结束了，我们寻求的是"上司和下属一起解决问题"的姿态。很多时候，下属误认为只要把自己的想法抛给上司，上司就会毫不犹豫地立刻实现。但实际上，即便是上司，手中也没有"魔法棒"，可以实现所有的事情。上司需要将问题逐一落实并解决。我认为可以开诚布公地与下属讨论这个问题，并提出"希望以提议者为中心落实相关建议"的想法，上司可以为下属提供相应的帮助。

虽然下属希望自己的建议都能落实，但不能急于求成，"接受现实"很重要。要明白这并不是放弃或后退，认清现实，同样也是一种进步。抓住时机以后再考虑如何落实，也是一种向前迈进一步的做法。我们需要明白一个道理，并不是每次的一对一沟通都要试图解决某个问题，"不做"与"暂时观望"也是一种选择。

Q　进行一对一沟通时，可以记笔记吗？

⇨　没问题。为了下次顺利进行一对一沟通，做笔记是一个有效的方法。但要注意，上司如果为了做笔记一直盯着记录本，就无法与下属进行眼神交流，也就不算真正的倾听了。在进行一对一沟通时，我们要尽量不看别的地方，要观察下属的表情，并养成只记录关键词的习惯。

Q　可以一边看培训教材一边跟下属交谈吗？

⇨　没问题。不过最好提前告知下属。比如我们可以跟对方说"我还没有完全适应一对一沟通。我可以一边参考教材一边进行一对一沟通吗？"像这样事先获得对方的许可就可以了。

Q　如果下属在一对一沟通过程中向我提问，我要回答他吗？此外，我自己的亲身体验、私事可以和他说吗？

⇨　当然没有问题。如果对方没有问自己就不管不顾地说，就违背了"倾听"的原则；如果对方希望你说自己的事情，你当然可以说给对方听。

但值得注意的是，绝大部分情况下，下属询问"您是如何看待这件事的呢"时，往往自己内心已经有了答案。因此，当下属问上司"您是如何看待这件事的呢"时，很多时候并不是真的想知道上司的看法，而是希望知道对方是不是跟自己的观点一致。这时，我们在回答这个问题前，最好先反问"你是怎么考虑的呢"，以此获知对方的想法。

此外，上司在整个一对一沟通中发言时长的占比最好保持在20% ~ 30%。如果能够保持这个比例，那么即使说一些自己个人的事情，也不会大幅偏离"倾听"的要求。

下属提出疑问时的应对方法

🅠　我很讨厌我的上司，跟他进行一对一沟通实在太痛苦了。我该怎么办？

⇨　这时我们要考虑的不是如何逃避一对一沟通，而是切换思维，考虑如何更有效地利用一对一沟通的时间改善双方关系（请参照本书第 84 页）。

🅠　我理解不了一对一沟通的意义。比起将时间浪费在无用的事情上，我更想处理堆积如山的工作。面对这样的下属，上司该怎么做？

⇨　上司可以告诉这名下属，公司高层认为一对一沟通可以帮助上司和下属改善关系，提高员工敬业度，并且能够间接地提升业绩。

一般来说，似乎专业性强的职业，比如工程师、会计或财务、法务等，比起人际关系更重视工作内容。因此，上司需要让下属理解人际关系对于经营的重要性；并且下属要有一个思想的转换，自己要做的事情不是评判一对一沟通的好坏，而是要思考如何充分利用这个制度，使一对一沟通行之有效。

Q 为了我这样的小员工还要上司在百忙之中腾出时间跟我进行一对一沟通，我感觉自己占用了上司的时间，觉得很愧疚。对于有这种想法的下属，上司该怎么做？

⇨ 上司可以告诉有这种想法的下属：公司高层很重视每一位员工，下属干劲的激发和工作能力的提升对于经营来说是最重要的事情。

下属一旦有了"为了我这样的小员工……"这样的想法，就说明他对自己的认同感很弱。为了增强其自我认同感，可以通过一对一沟通，多鼓励、认可他对公司的贡献并表示感谢，帮助这位下属逐渐增强自信与认同感。

Q 我向上司提出了自己的疑问，上司却反问我"你是怎么认为的呢？"这难道不是上司该回答的吗？我认为他这是在偷懒。

⇨　一对一沟通并不是用来推进工作的，而是在改善上司与下属关系的同时，培养下属的思考能力和解决问题的能力。所以要尽可能避免上司直接给出答案的做法。

并且可以告诉这样想的下属，公司需要的是能够独立思考、主动行动起来的员工，而不是一味地等待上级指令才能工作的员工。解答下属这个困惑的同时，上司和下属也可以针对彼此的职责等问题进行磨合。

🅠　每次进行一对一沟通时，就会增加许多工作量，太痛苦了。如何避免这种情况呢？

⇨　如果上司在一对一沟通中总是强调"应该做的事情"，就会存在这样的弊端。

有的上司会按照"明确目标→掌握现状、明确现实与目标的差距→制定解决方案→明确'谁、什么时候、怎么'实行"这样的商务教练（Business Coaching）模式进行一对一沟通，这样一来，就会为下属徒增许多工作量，甚至压得下属喘不过气，渐渐地，就会使下属对一对一沟通产生厌烦情绪……这是最常见的一对一沟通的错误示范。

一对一沟通是为下属提供的时间，在这个时间里下属应该感到轻松和愉快。如果没有做到这一点，就说明一对一沟通的具体做法有问题。

为了避免这种错误做法的出现，我们要明白一对一沟通的根本性质并不是指导对方如何解决问题，而是以倾听为主进行心理咨询。因此，在进行一对一沟通时有必要向上司或下属反复强调，这项制度并非为了解决工作中遇到的问题，而是为了改善双方的关系、提高员工敬业度以及让体验学习圈循环起来。

如果工作中出现了什么问题，那么在进行一对一沟通时既可以寻找解决方案，又可以不去解决这个问题，甚至持观望态度。总之，就是要明白，一对一沟通并非用来解决工作问题的，而是用来帮助下属成长并塑造健康人格的。

希望大家能有这样的认识：如果每次一对一沟通结束后，上司都觉得特别舒心，这反而是一个危险的信号。其实每次一对一沟通结束后，问题不一定都得到了解决，上司心里总会有些不舒畅，反而更好。

Q 我发现我的上司对我并不感兴趣，也不关心，现在进行一对一沟通时非常尴尬。我该怎么做？

➡　能够有这种感受其实很重要。为了解决这个问题，以问卷调查等形式对每次的一对一沟通都进行记录，是很有必要的。下属最好能够将这种感想通过培训导师或者后续的培训，以一种婉转的形式反馈给上司。

🅀　一对一沟通时上司能够很温柔地倾听我发言，但是日常工作中却不断对我下指示或命令。一对一沟通时的上司与日常工作中的上司反差太大，我无法适应。

➡　关于这个问题，我希望这位下属能明白一对一沟通与日常工作是不同的，可以说这是一个有意经营的"梦想的世界"（详情请参照第 193 ～ 196 页）。一对一沟通并不只是让下属成长，还能促进上司成长。人无完人，上司也并不是完美的。这位下属需要明白，一对一沟通是让双方共同成长的手段，双方需要逐渐减小一对一沟通与日常工作之间的落差。关于这个认知，公司既可以在员工大会上由经营者做出解释，又可以在公司内部宣传册等刊物上进行宣传。

PART 2

面向管理者，
站在一线立场实行一对一沟通制度

　　在前三章，我以宏观的角度为大家介绍了一对一沟通这个经营管理的实用工具。在后三章，我将为实行一对一沟通制度的主体 —— 企业一线部门的管理岗位，具体介绍必要的技巧、方法和要素等。

Chapter 04

一对一沟通必需的五种技巧

导入一对一沟通制度时管理者必不可少的技巧

Business Coach（直译为"商务教练"）公司于 2017 年 10 月做了一项有关一对一沟通的问卷调查。对于"你认为成功推进一对一沟通制度最重要的要素是什么"这个问题，57.7% 的人回答称"上司的一对一沟通技巧"，选择这一回答的人数占比最高。其次回答人数最多的是"领导的参与"，占比达 18.4%。

打个比方，一对一沟通就好比盛菜肴的器皿，我们可以认为它只是一个活动开展的"地方"。在一对一沟通中探讨不同的话题，就好比在"器皿"中盛放不同的菜肴，呈现出来的东西截然不同。

盛放的菜肴如果是"教练法"，一对一沟通就会成为"上司帮助下属达成目标"的地方；如果这道菜肴是"咨询法"，一对一沟通就会成为"上司倾听下属的发言，帮助下属塑造健全人格"的地方。但是，如果这个"器皿"盛放的是"上司不断否定下属，并逼迫下属"这道菜肴，一对一沟通就会变成职权骚扰的温床，会让下属宛如身处地狱一般苦不堪言。原本一对一沟通是以改善上司与下属的关系、提高员工敬业度为目的的制度，这样一来起了反作用。因此，一对一沟通也是一把双刃剑。

正如商务教练公司的调查结果显示，进行一对一沟通时，"上司的一对一沟通技巧"是最重要且最起码需要保证的要素。

顺便一提，我推荐给大家的沟通方式是有科学依据的，这个依据便是以我的专业——个体心理学为基础的心理咨询技巧和观点。个体心理学的创始人阿尔弗雷德·阿德勒（1870—1937 年）是一位著名的心理学家，与西格蒙德·弗洛伊德（1856—1939 年）、卡尔·古斯塔夫·荣格（1875—1961 年）并称为"心理学三巨头"。弗洛伊德和荣格的心理学是"针对精神疾病患者有治疗性质"的心理学；阿德勒的个体心理学则以"对健康人起教育作用"闻名。因此，许多企业进行人才培训时往往会参考个体心理学的观点。

我为企业进行一对一沟通制度的导入培训时介绍的心理咨询技巧、方法、要素并不会偏离"目标达成"的方向，是以个体心理学为基础、融入其他流派心理疗法的体系化方法，这也是最适合以"改善上司与下属的关系""提高员工敬业度""帮助体验学习圈循环"为目的的一对一沟通的方式。

那么，我所说的"一对一沟通所必需的五种技巧、五个方法、五个要素"分别是什么呢？

首先，我将在第四章为大家详细介绍"一对一沟通必需的五种技巧"。

1. 倾听

倾听，就是指"认真地听并对对方的话深感共鸣"。这个技巧并不局限于个体心理学，在所有流派的心理咨询或培训中它都是最基本的技巧。倾听也是一对一沟通的根基。关于这个技巧，我将以"倾听"技巧方面的大家、"来访者中心治疗"（Client-Centered Therapy）创始人卡尔·罗杰斯（1902—1987 年）提出的"倾听的三个条件"为主，为各位读者不分流派地介绍几种行之有效的方法。

2. 鼓励

鼓励是个体心理咨询中的核心技巧。个体心理学中的"勇气"是指"自己有能力且与身边的人都是朋友"这种感觉。个体心理学的观点认为，一旦这种感觉增强，人就会自然而然地向着超越"优劣、正误、上下级、善恶"的方向发展，会追求平等，希望能够利用人与人之间的差异寻求合作。反之，人一旦失去了勇气，就会产生"只顾自己，不顾别人"的想法，甚至会采取妨碍他人的自私自利的行动。因此，在一对一沟通中，我建议上司尽量用能让下属受到鼓励的语言或沟通方式。

3. 提问

上司通过向下属提出有意义的问题，使下属大脑中产生空白，下属会为了填补这块空白而加深思考。这正是体验学习圈的推进方式，能够提升一对一沟通的效果。此外，以上司提问的方式进行的沟通，会促进下属自主做出决定，并有助于下属不断自我强化。从结果来看，下属对自己决定的事情会更容易采取行动，并且上司和下属的关系也能改善。在这一节，我为大家介绍的提问技巧不分流派，都是培训或心理咨询中的重要技巧。

4. 反馈

反馈，是指"把输出的信息传递回信息输出方，以便进行调整"。在实际应用中，这个技巧主要被用来"告诉下属公司设定的目标与下属行动之间的差异"。反馈这个技巧如果能够得到很好的应用，那么不但能调整下属的行动，使目标更容易达成，而且还能起到很好的教育作用。但要注意的是，一旦方法使用不当，就会破坏双方的信赖关系，使下属产生挫败感，所以充分理解并掌握反馈的使用技巧至关重要。

5. 让对方体验结果

这是一种个体心理学中特有的教育技能。这个技能不光要告诉对方答案，还要让对方体验包括失败在内的各种结果，然后再总结经验，获得成长。这项技能与上面的"反馈"一样，是一把双刃剑。使用者不光要充分理解"制定民主且合理的规则"等做法的真谛，还要构建好这个技能的前提 —— 双方的信赖关系以及认真倾听对方的想法。如果方法使用不当，就很容易使制定的规则变成惩罚，破坏双方的信赖关系。

我认为要导入一对一沟通制度，应该让上司掌握以这五种技巧为代表的基本面谈技巧后再实行。这样才算真正将"好吃的菜肴"盛到一对一沟通这个"器皿"中，接下来自然更容易进行一对一沟通。

【技巧 1】倾听 —— 咨询与指导的基础

在谈到倾听的重要性时，自然想到"一张嘴说话，两只耳朵听"这一说法。甚至宗教的教义认为，这是神在告诉我们"听别人说话的量应是自己说的话的两倍（即多听少说）"。自从我听到这种说法，我与下属沟通时非常注意多听少说，一般我说话的时间占整个对话的 30%，剩下 70% 的时间我会努力做到倾听下属的发言。这才是真正的倾听姿态。

关于"听"与"倾听"的区别，常常有这样的解释："听"只是用"耳朵"听到声音；"倾听"则是用"眼、耳、心"去听。倾听时，要用眼睛观察对方的表情、动作（专业说法是"追踪"），站在对方的立场与对方产生共鸣，并用心与耳朵认真地听。这正是"倾听"的定义。

为了切实感受"倾听"的重要性，上司需要扮演下属的角色，然后让扮演上司角色的人"认真倾听自己的发言"，这种体验至关重要。反之，在角色扮演中，当对方不认真倾听自己发言时，上司体会到郁闷的感受，也很重要。因此，在掌握倾听的技巧时，最有效的做法不是跟着老师学，而是进行角色扮演等实际体验式的学习。

我在开展倾听训练时，会让接受培训的人反复互换角色，体验"对方认真倾听我的发言，我很愉快"及"对方不认真倾听我的发言，我很生气"的感受。并且，我还让他们尝试使用各种倾听的实用技巧，逐步掌握倾听的基本技能。

当然，只接受短短几小时的培训是没有办法真正掌握倾听这个技巧的。经常有人说心理咨询的工作始于倾听、终于倾听，可见倾听是一项颇为深奥的学问。但光是强调倾听的技巧有多难以掌握，对进行一对一沟通毫无意义。所以，哪怕只是临阵磨枪学了点儿皮毛，也要先尝试使用起来。在接下来的几十次甚至几百次的一对一沟通中，一点点实践、尝试，倾听的技巧就能够逐渐提高了。我认为，以"实际体验 + 不断学习"的方式掌握倾听技巧是最为有效的。

下面我将为大家列出几个我认为有利于提高倾听技巧的代表性做法。

◎ 随声附和：并不是对方说完以后"嗯嗯"两声地附和，而是采用多种形式给予对方回应；

◎ "鹦鹉学舌"：这不仅是产生共鸣的信号，也有提醒对方注意的作用；

◎ 针对做法进行提问：可以提问"然后怎么办""接下来怎么做"，促进对话展开，但要注意不能扰乱对话；

◎ 沉默：这绝非消极无用的时间，而是用来进行深刻自省的时间；

◎ 非语言表达：表情、视线、嗓音、语调等都是倾听中重要的技巧；

◎ 配合：这是以对方的语速、措辞等为基准进行沟通的技巧。

此外，我们不光要掌握倾听的技巧，还要理解究竟"何为倾听"。为此，我们有必要弄明白"来访者中心治疗"创始人卡尔·罗杰斯提出的"倾听的三个条件"。

◎ 对对方无条件的关心：这一点要求我们不要评价对方的言论，要无条件地倾听并给予肯定；

◎ **对沟通内容基于共鸣的理解：这一点要求我们站在对方的立场对沟通内容产生共鸣；**

◎ **自我一致：现实中的自己并没有背离理想中的自己，在自然放松的状态下二者始终保持一致。**

这三个概念并非一两句话就可以解释明白，我们如果不去实际体验，就很难彻底理解其中含义。

从这个意义上来看，本节所讲的内容绝对不能光说不练，要通过反复进行角色扮演、一对一沟通的实践来自我检验，不断提高技巧。并且，技巧并不是单纯地掌握后能够直接拿来运用的，还需要大家以真诚的态度去倾听。

【技巧2】鼓励——一对一沟通中最重要的技巧

正如前文所述，鼓励是个体心理学中的核心技巧。在个体心理学的定义中，"勇气"是指"自己有能力且与身边的人都是朋友"这种感觉。一旦有了勇气，人就会向着平等、合作的方向发展，会积极主动地克服困难。反之，人一旦失去了勇气，就会感到"自己没有能力，周围的人都不帮助自己（甚至与自己为敌）"，会产生"不顾他人，只顾自己"的想法，甚至很容易做出妨碍他人，只追求自己利益的行动。

因此，鼓励并不只是让对方心情变好，更不是单纯为了和对方搞好关系的技巧。鼓励是为了在对方无法摆脱困境时伸出援手，帮助对方与他人合作，积极努力地克服困难，塑造独立自我，并建立与社会的和谐关系。由此可见，鼓励对达到一对一沟通的目的——"改善上司与下属的关系""提高员工敬业度""让体验学习圈循环起来"是非常有效的。

那么，该如何使用"鼓励"这个技巧呢？

个体心理学派的心理咨询往往将"正面关注"作为"鼓励"的基本原则。当关注到对方消极的一面后自己也带着负面情绪与对方接触，被称为"负面关注"，这是我们避免出现的情况。我们要做的是关注对方积极、正面的地方，自己也带着正面情绪与对方接触，重视采用"正面关注"这个基本原则，同时将其作为一个技巧使用。

举一个例子，下属向上司提交的报告只能达到70分左右的水平。大多数上司面对这份报告时都不会关注下属做得好的部分，反而会格外关注没做好的30分的内容，并告诉下属"这里没做好，拿回去重做"。学了个体心理学中"鼓励"技巧的上司就不会说这样的话。

掌握了"鼓励"技巧的上司会先关注达到70分的部分，然后给出肯定的评价，如"这里做到了呢，这里也做到了"等。除了结果，对过程的关注也是"正面关注"的一个特点。比如，对于这份只能拿70分的报告，上司不是单纯地只看结果，而是连下属在制作这份报告的过程中付出的努力也关注了，这时正面关注的评价就可以是"你在做这份报告时非常认真、努力啊"等。

尝试采用"正面关注"

关注对方积极、正面的地方，然后以正面的情绪与对方接触。

类别 / 方面	负面关注	正面关注
对方的 能力	缺点	优点
行为	不适当的行为	适当的行为
结果	没做到的地方	做到的地方
过程	不关注过程	关注过程
意图	看到的是恶意	看到的是善意
比较	与他人进行比较	与对方比较（关注成长）
自己的 感情	以负面情绪关注	以正面情绪关注

　　人在关注负面事情时，自己也会产生负面情绪（比如愤怒、焦虑、悲伤、害怕、后悔等）。这样一来，自己的负面情绪也会感染对方，对方会随之产生负面情绪，而对方的负面情绪还会继续反过来影响自己，于是负循环就出现了。个体心理学认为，人只要评价对方时产生了负面情绪，就不可能起到鼓励或教育对方的作用。

　　此外，上司如果能够关注下属做得好的地方，就能产生正面情绪（比如喜悦、感谢、希望、期待等）。这样一来，这种正面情绪也会感染下属，下属会随之产生正面情绪，于是正循环就出现了。我们只有在正面情绪中才能起到鼓励、教育下属的作用。

也就是说，正面关注不仅是一种鼓励的技巧，同时也是教育下属的前提条件。

上文提到过，以正面关注为基础的鼓励并不是单纯地让对方心情好，或者与对方搞好关系的道具。能够让对方从无法摆脱的困境中努力挣脱出来，才是真正的鼓励。并且，这个努力并不是让对方"只想着自己"甚至阻碍他人，而是督促对方努力朝着平等、与他人合作的方向前进。帮助达成这个目标的正是由正面关注带来的鼓励，这个技巧要反复在一对一沟通中使用。

比如，下属在一对一沟通中跟上司谈到了自己的失败经历，这时掌握了鼓励技巧的上司就会一边倾听一边插空用下面这些话进行鼓励。

"嗯嗯，原来如此。你虽然那次失败了，但积累了一份宝贵的经验。"

"原来是这么回事。你当时肯定非常希望满足顾客的需求。"

"你之前已经非常努力了，相信这份努力一定会让你在下次取得成功。"

"我为你的努力感到骄傲。"

……

正如上述这些话语，正面关注带来的鼓励与倾听是配套使用的，它们会频繁出现在一对一沟通的过程中。或许，倾听与鼓励是一对一沟通中最重要且有效的技巧。在第六章，我会为大家介绍"一对一沟通不可或缺的五个要素"，只要有了这五个要素的支撑，"鼓励"技巧的运用就能够强化一对一沟通的效果。

【技巧3】提问 —— 让下属的头脑产生空白，督促其思考

社会心理学家爱德华·德西主张，由"糖果和鞭子"，也就是赏罚带来的外在动机持续时间短，而由心理需求激发的内在动机则持续时间长。爱德华还举出激发内在动机的三种心理需求，分别为"胜任""联结""自主"，并由此形成一种管理模式 ——"参与型管理"。

可能很多读者已经注意到了，这三种心理需求的前两项"胜任""联结"都与上一节所讲的"勇气"密切相关。"勇气"中"自己有能力"对应这里的"胜任"；"与身边的人都是朋友"则对应"联结"。上司不应该将工作强加给下属，而应该督促下属做出"自主"决定。加强"参与型管理"就是在满足下属的"胜任""联结""自主"的心理需求，是一种"鼓励"的管理模式。

那么，上司该怎么做才能促进下属"自主"决定与"参与"

呢？只有善于使用"提问"这一个方法。

命令式管理一般都是直接指派下属做某项工作，根本不赋予对方选择权，可以说是把工作强加在了对方的身上。要想促进对方做出决定，并制造参与的机会，上司就要利用好"提问"这个技巧。

方法很简单，上司可以问下属："为了达成这个目标，你认为什么方法切实有效呢？"接下来对于下属给出的答案，上司只要给予"不错，我们就按照你说的方法试一试吧"这样的认可便可以了。

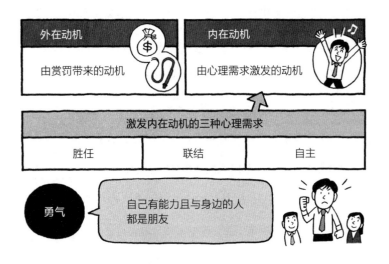

内在动机与个体心理学中的"勇气"

使用"提问"的技巧不仅能促进下属思考，还能激发"内在动机"、增大"鼓励"的作用，具有双重甚至三重的效果。

重视"鼓励"的个体心理学认为，应该时刻注意让对方做选择这件事。这个选择既可以像"要做什么""怎么做"这样的开放式提问，又可以像"选做法 A 还是做法 B"这样的二选一或多选一的提问。此外，即便选项只有一个，上司也不要直接命令下属做事，而是要以疑问句"你可以做这件事吗"的形式询问对方。这样做，其实给予了对方选择拒绝的权利，是让对方做选择。这种做法既可以表示出对对方的尊重，又可以让对方拥有"自主"的权利。上面提到的激发"内在动机"的心理需求之一——"自主"，只要使用"提问"的技巧就可以轻松实现。

通过"提问"，可以让下属感到自己有能力、能够与周围人做朋友，而"自主"的权利也得到了保障。从结果来看，内在动机随之形成。

此外，"提问"还有一个巨大的作用——督促对方"学习"。人被其他人提问时，大脑就会产生空白。为了填补这个空白，人就会开始思考。这正是大卫·库伯教授提出的体验学习圈的推进方式。

人不积累经验，就什么也学不到。为了将体验到的事情转换成理论，就需要进行"自我反省"，并将体验"概念化"。下属将自己的体验或经验转换为理论，需要上司的帮助。上司可以提供的帮助便是督促下属"自我反省"的"提问"，以及引导下属将体验"概念化"的提问技巧之一 —— "归纳总结或换种说法解释"。

为了填补由提问产生的大脑空白，大脑开始"搜索"（即思考）

提问的作用

通过提问可以让下属大脑产生空白，督促其思考。这也是让大卫·库伯教授提出的体验学习圈循环起来必不可少的技巧。

在提问时最具有代表性的技巧有以下这些。

◎ 开放式提问：以"5W1H"的方式进行提问，对方可以自由展开想象；

◎ 封闭式提问：只能回答"是"或"不是"的提问，有些问题可能不好回答；

◎ **发现性思考**：也是"5W 1H"提问中的一大准则；

◎ **具体提问**：在"5W 1H"提问中属于对于具体细节的提问；

◎ **经历提问**：在某天某时的直接对话中倾听对方讲述自己过去的一段经历的方法；

◎ **总结**：总结对方的发言，确认自己的理解是否有偏差；

◎ **按照对方的节奏提问**：并不是以自己的喜好，而是按照对方想讲的话题进行提问。

要注意，上面这些提问技巧只有理论毫无意义。为了在进行一对一沟通时自由灵活地使用这些技巧，必须反复进行角色扮演。因此，能够多次体验角色扮演的实践性培训是实现这个目标的途径。

【技巧 4】反馈 —— 区别开事实与意见

反馈，是指"把输出的信息传递回信息输出方，以便进行调整"。在实际应用中，这个技巧主要被用来"告诉下属公司设定的目标与下属行动之间的差异"。

原本，反馈中使用的"信息"应该是客观的"事实"，但往往会被"调包"成并非事实的"推测"或"意见"。而这些被"添枝加叶"的反馈，不但起不到原本的作用，有时甚至会伤害对方。因此，需要上司充分理解和掌握反馈的相关技巧后再运用。

下面我以下属在开会时迟到这个常见的例子为各位读者详细解释反馈的方式。

上司经常会做出的错误"反馈"如下：

夹杂自己推测或意见的反馈

"某某，你又迟到了。你怎么总是迟到啊！这次的借口还是忘了，对吧？到底说几次你才能明白呢？你饶了我吧。"

为了区分反馈中的客观"事实"与除事实外的"推测"或"意见"，可以将内容分为"事实语言"和"意见语言"。

我们分析一下上面那句话，首先，"某某，你又"这是意见语言；"迟到了"是事实语言；"你怎么总是迟到啊"是意见语言（这里"总是"的定义并不客观）；"这次的借口还是忘了，对吧"是基于推测的意见语言；"到底说几次你才能明白呢"是意见语言；"你饶了我吧"也是意见语言。

那么，用尊重客观事实的方式进行反馈该怎么表达呢？

客观中立的反馈

"某某，下午 4 点开始的会议你迟到了 4 分钟（事实语言）。你在 10 月召开的三次会议中，有两次都迟到了（事实语言）。那么，我们开始开会吧……"

不知各位读者觉得这样说如何？大家能否站在下属的立场感受到两种反馈方式的区别呢？

下属收到第一种带有上司个人推测和意见的反馈后，很容易感到自卑。接下来下属就会意识到上司处于优于自己的地位，而感到不快。原本，对于下属迟到这件事，上司应该要求下属反省自己的错误，今后改正即可；下属一旦被置于劣等地位，很容易在那个瞬间失去冷静的判断力。所以，在第一种反馈下，下属很容易采取以下行动：跟上司顶嘴，板着脸表达自己的反感，失去工作热情并表现出消极情绪等。

如果上司能够给出像第二种那样中立且客观的反馈，下属产生对立的消极情绪的可能性就会降低。这是因为，中立客观的反馈并不会让下属感到自己处于劣等地位，也不会认为上司高高在上。

对于如何才能给出客观中立的反馈，我为大家列出几个颇为有效的沟通技巧，希望大家能够在培训中反复尝试。

◎ **五段式反馈：事实、主观、评价、提议、命令这五种类型的反馈；**

◎ **取得许可：在向对方反馈前先询问"我可以告诉你我的想法吗"，取得许可；**

◎ **实际经历：不需要模糊的观点或概念，只要告诉对方自己某天**

某时经历的一件具体事情即可；

◎ 以"我"做主语：主语最好不是"你"，而是"我"（我认
为……）；

◎ 前馈（Feed Forward）：将未来可能发生的主观预测告诉对
方，使对方能够调整行动；

◎ 以"求助"的口吻：希望对方做某事时不要用命令口吻，最好
以"求助"的口吻表达。

五段式反馈

如何给出中立客观的反馈，请参考下图。

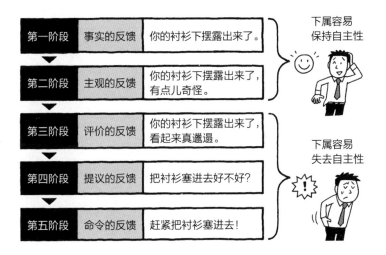

通过使用这些技巧，可以发挥反馈原本应该发挥的作用。

正如前文所述，只是做出正确的反馈是不够的。有时正是正确的反馈会伤害对方，甚至打击对方的勇气。所以这就要求上司平时逐渐建立起与下属的信赖关系。希望大家能够明白，上司与下属如果没有建立起信赖关系，反馈不但起不了积极作用，甚至有可能起反作用。为了建立双方的信赖关系，需要反复使用前面章节中为大家介绍的倾听和鼓励的技巧，这些都是环环相扣且至关重要的。

【技巧 5】让对方体验结果

"让对方体验结果"是个体心理学的教育方法之一。

前面已经多次强调，一对一沟通的目的是"改善上司与下属的关系""提高员工敬业度""使体验学习圈循环起来"。而"让对方体验结果"这个做法对达到这两个目的都很有效。

比如，一个小学生上学时忘记带妈妈给准备好的便当就出门了。妈妈洗完早餐的盘碗后，从厨房里出来，发现孩子没带便当就去上学了。这时如果你是这位母亲会怎么做呢？

恐怕绝大部分母亲都会赶紧拿着便当冲出去追孩子吧。学过个体心理学的母亲就不会追出去，她们之所以不追出去，是因为她们可能会这样想："哎呀，这孩子怎么忘带便当了？如果他发现自己忘了拿便当，就会返回家拿的。这也是一次宝贵的学习机会啊。"

个体心理学非常重视"从经验中学习"，而且极力避免其他人插嘴或插手。个体心理学的观点认为，不论结果成功还是失败，人都能从中获得宝贵的经验。比如，刚才那个例子中的孩子，去了学校后就能获得很多新的体验，并从中积累宝贵的经验。

他到了学校后，中午肚子饿却没有饭吃，然后便下定决心"从明天开始再也不会忘记带便当了"；或者因为这件事老师责备了他，他也会下定决心不再忘记带便当；或者虽然他没有带便当，但是他的朋友帮助了他。有的小朋友注意到他没有午饭吃，可能会分给他炸鸡或饭团。这样一来，这个小朋友也能从中学到东西，他可能会开始认为"有朋友真好，今后如果我的朋友忘记带便当，我也要分享给他我的午饭"等。

如果孩子的母亲拿着便当追出去，孩子就从这个失败中学不到任何东西了。也就是说，母亲出于对孩子的关爱将便当送了过去，这无形中剥夺了孩子"从失败中学习"的机会。

有的读者朋友可能要问了，为了让孩子在体验中学到东西，家长要做的事情就是放任不管吗？并非如此！个体心理学的心理咨询师建议孩子的母亲，最好在孩子回家时跟孩子展开下面这样的对话。

孩子："妈妈，我回来啦！今天我忘带便当了，饿死啦！"

母亲："确实，饿坏了吧？那你今天去学校没带便当，有什么事情发生吗？"

孩子："我被老师批评了。不过，我朋友帮助了我，他分给了我饭团。"

母亲："哎呀，那不错啊！然后呢，你是怎么做的？"

孩子："嗯，我对朋友说了谢谢。道谢后我就吃了他给我的那个饭团，那个饭团特别好吃。"

母亲："这样啊！通过这件事你学到了什么呢？你明天打算怎么做？"

孩子："从明天开始，我要在上学前先确认是否将便当放进书包里了再出门。下一次，如果我的朋友忘记带便当，我也要分享我的午饭给他。"

母亲："很好！通过这件事，你真是学到了很多东西呢。真棒！"

希望母亲和孩子都能够展开上面这样的对话。大家觉得怎么样呢？通过这个例子，大家能否理解"让对方体验结果"可以"改善双方关系"，并且能够让"体验学习圈"循环起来的意思呢？

当然，这个技巧在上司与下属进行一对一沟通时也颇为有效。

这个技巧的关键在于上司不要在下属体验某件事之前就进行说教或教育，而要以提问的形式进行引导。比如，询问下属"从这个经验中你学到了什么""明天开始你打算怎么做"等，这些都是关键问题。

个体心理学中的另一个"结果"是"让对方体验社会化结果"。刚才为大家举的例子是"让对方体验自然结果"，总的来说是"一个人做出的结果"；"社会化结果"就是全家或团队以"民主且合理的规则或惩戒制度"人为创造出来的。然后，让对方体验这个"社会化结果"。

比如，某个家庭有一条民主的规定，每天晚上 6 点，全家人围坐在餐桌前吃晚饭。这里所说的"民主的规定"指的是"家庭成员全都同意，并且全家都会遵守的规定"。相反，"独裁的规定"就是指"由父母制定，只要求孩子遵守的规定"。如果将这个定义放到公司来看，就是"上司制定规定，只要求下属遵守"。这种规定就是独裁的，不能让对方体验到"社会化结果"。那么，我们再回到刚才全家制定规定的例子。

"每天晚上 6 点，全家人围坐在餐桌前吃晚饭"这个全家一起制定的规定虽然很民主，但遗憾的是没能被很好地遵守。几个孩子轮番迟到，到了 6 点也不来吃饭，父母总是无奈地等着。那么，这样的规定就是有名无实的。于是，全家聚在一起开了个会，决定大家一起修改这个规定。全家讨论后的结果就是制定一个合理的惩戒制度。合理的惩戒制度就是指大家都能接受的惩戒制度。比如，之前吃晚饭的时间到了，如果有人迟到，母亲就需要再加热一遍饭菜。并且，因为人没来齐，其他人就要浪费时间在等待上。这就是不合理的。所以，今后一旦有人迟到，大家就不必再等那个人了，全家到点就开饭。此外，母亲也不必再特意为迟到的人准备饭菜。当然，如果大家都吃完了迟到的人才出现，那么母亲不用再帮他洗碗筷。也就是说，即便是父亲在吃饭的时间迟到了，也必须自己热饭菜、洗自己的碗筷。

这便是个体心理学中所说的合理的惩戒制度。让对方有这种体验便被称为"让对方体验社会化结果"。

但是，这里需要格外注意的是，一定不能制定不合理的惩戒制度，并且在执行惩戒制度的时候一定不能训斥对方。也就是说不能挖苦对方或使用带有教训口吻的语言。我们具体看一下为什么这样要求。

不合理的惩戒制度指的是，破坏规定的行动与惩戒制度之间没有关联或不合理。比如，让吃晚饭迟到的人做一百个俯卧撑就是与规定毫无关系的惩戒。于是，做一百个俯卧撑就只是惩罚了。个体心理学否定惩罚对方的行为。惩罚行为不但没有教育效果，而且会破坏双方的信赖关系。

此外，即便设定再合理的惩戒制度，也不能训斥、挖苦对方。这是因为在训斥、挖苦对方的那个瞬间，就已经是在不合理地惩罚对方了。

我们如果能在进行一对一沟通时注意上述事项，让对方充分体验"自然结果"和"社会化结果"，自己逐步掌握相关技巧，就一定能够达到一对一沟通的目的。

Chapter 05

为我们提供巨大便利的五个方法

深度模仿

在第四章"一对一沟通必需的五种技巧"中，我为大家介绍了倾听、鼓励、提问等主要技巧。这些技巧就好比汽车的具体驾驶步骤，我们目前已经学习了踩油门、踩刹车、使用方向盘等操作。

开车时更重要的是随机应变，要根据眼前不同的情况，搭配使用这些操作。不论多么擅长踩油门，如果没能在正确的时间点踩刹车、转动方向盘，就无法到达目的地。也就是说，完美地掌握某一个关键技巧远不如能够随机应变地组合使用所需技巧重要。

由此，得出的结论是，"守、破、离"中最重要的是"守"，也就是深度模仿。

茶道中江户时代千家流派的创始人川上不白提出的"守、破、离"指的是学习茶道或剑道时颇为有效的做法。在学习某项技能时，最初要做的便是"守"。"守"在这里指参照流派或师傅教授的"原型"进行深度模仿。能够成功模仿之后，再进行下一步的

"破"，就是试着打破原有旧规，加入自己的特色。最后是"离"，也就是突破创新，在自己独创的世界里翱翔。

经常有人引用歌舞伎演员中村勘三郎或落语家立川谈志下面这句话来解释"守、破、离"的含义："因有原型在，遂需打破之；若原型已破，则不受限于原型。"

这个解释真是妙哉。在日本的茶道或剑道中以深度模仿原型开始，似乎是最重要且有效的做法。

在第五章中，我会把这个"守"——深度模仿原有模式的做法运用到一对一沟通中。我将上司应该熟练掌握的五种技巧组合成标准模式，并将它们视作五个方法，使其具有可模仿性。这五个方法分别是"倾听""体验学习圈""课题分离""提供的帮助与对方的需求统一""寻求解决办法的焦点解决短期治疗"。

我在为企业做咨询或培训时，会把这五个方法打印出来，在进行一对一沟通时，放在桌子上供上司随时参考和使用。当然，上司使用前需要提前跟下属打招呼。比如，上司可以这样提前询问下属："我目前还不太习惯一对一沟通的一些做法，我可以参考这个吗？在我们进行一对一沟通的时候，我会一边看着这个表一边进行。"

接下来，我将详细介绍我在企业推行的这五个方法和它们的共通步骤。

共通步骤

这五个方法在使用时有共通步骤。首先，需要进行导入（一般时长 5 分钟），对上次的一对一沟通进行回顾，进行惯例的"寻找积极面"练习，然后再展开正式讨论（一般时长 20 分钟）。正式讨论的话题可以让下属从一对一话题列表中选择，然后再根据下属选择的话题，选择使用五个方法。最后，需要进行总结（一般时长 5 分钟），选出行动计划的候补项，并决定是否实施该计划。此外，上司还要同下属确认"学到了什么"，并确定下次一对一沟通进行的时间。将这些共通步骤做完，这次的一对一沟通便结束了。

1. 倾听

倾听，基本上是能够针对所有话题使用的最基础的方法。为了实际应用"倾听"这个方法，需要用到"五种技巧"中除"倾听"外的"鼓励、提问、反馈、让对方体验结果"这四种技巧。上司要恰当地组合运用这些技巧，并且要"节能驾驶"，也就是尽可能不耗费精力下指令，而是专注于倾听下属的发言。在倾听过程

共通步骤

请按照"共通步骤"充分利用这 30 分钟时间。

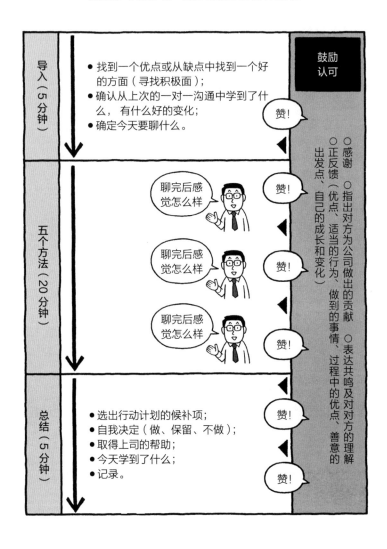

中，上司时不时地给予下属"不错、很好"这样的鼓励，并找准时机问"试着把心里话说出来以后感觉怎么样"。这些都是效果极佳的做法。

在一对一沟通中，上司尽量避免带有命令性的反馈，要多采用重复对方的话（鹦鹉学舌）、针对做法进行提问、随声附和等非命令性的反馈技巧。

2. 体验学习圈

在一对一沟通中，与"倾听"同等重要、被广泛应用的方法便是"体验学习圈"。在第一章中，我为各位读者介绍过，这个方法原本是一套有助于理解一对一沟通的目的和效果的理论。但是，如果仅将"体验学习圈"看作一套理论不加以应用，就有些大材小用了。因此，我便将这个理论方法化、模式化，这样大家就可以直接套用了。首先，上司需要向下属确认，从上次进行一对一沟通到现在获得了什么"经验"。这里的经验，既可以是成功的，也可以是失败的，甚至是过程也可以。无论哪一种经验，都是可供我们学习的宝藏。接下来，上司需要让下属从所有的经验中选出一个自己最在意的，然后对这个经验进行自我反思，进而将其概念化，之后再尝试实践。为了让这个模式更容易展开，我在后文为大家列举了一些颇为有效的提问方式，希望大家可以充分利用起来。

3. 课题分离

使个体心理学在日本一夜之间变得家喻户晓的著作《被讨厌的勇气："自我启发之父"阿德勒的哲学课》(岸见一郎、古贺史健著)，带给读者最大冲击的便是"课题分离"这个概念。之后我会为大家详细地介绍，在这里先简单概括一下。"课题分离"指的是先确定"这个课题究竟归谁管"，这个问题往往容易被大家忽略。"课题分离"确定后，再开始人际交往，这其实属于个体心理学的教育与咨询方法。在一对一沟通的过程中，下属向上司诉说自己在人际关系上的烦恼后，上司便可以利用"课题分离"的方法，以"这个课题究竟归谁管"这个问题为出发点，区分清楚别人的事和自己的事，以此达到启发、引导下属的目的。

4. 提供的帮助与对方的需求统一

这是个体心理学在咨询时使用的方法。在个体心理学的观点中，提供帮助时需要与对方保持恰当的距离。也就是说，要尽可能避免对方并没有拜托自己，自己却主动提供帮助的"过度干涉"（与对方的距离过近）行为，但并非放任对方不管（与对方的距离过远）。我们需要做的是既不干扰对方的自主性与主体性，又能（在恰当的距离）很好地提供帮助。我将在本章对这个方法进行模式化整理。

5. 寻求解决办法的焦点解决短期治疗

焦点解决短期治疗（Solution-Focused Brief Therapy，简称SFBT），是以史蒂夫·德·沙泽尔和茵素·金·柏格为首的美国短期家庭治疗中心（Brief Family Therapy Center）研发的一种心理疗法。

这个疗法颇为独特，它与以往的心理疗法不同的是，并不将焦点放在问题或原因上，而是关注今后将如何解决问题。目前，焦点解决短期治疗是一种临床上常用的心理疗法。此外，焦点解决短期治疗还被认为是企业培训中常用的"教练法"（Coaching）的原型，与企业经营等也具有较高的契合度。在一对一沟通中，如果不知道从何下手，那么上司在辅助下属寻找解决问题的突破口时，便可以使用焦点解决短期治疗。

但要注意的是，如果过度使用这个方法，很容易偏离一对一沟通的目的。因为使用焦点解决短期治疗时，比起人才培养，更容易把如何解决问题放在优先地位，因此在使用时需多加注意。

将这五个方法作为"雏形"反复使用，相当于完成了"守、破、离"中的"守"这一步，上司的一对一沟通技巧也会随着不断提高。在一对一沟通中，"破"（即上司加入即兴台词、做法）和"离"（即进行独具特色的沟通）都要在完成了"守"这一步后再进行。

【方法 1】倾听 —— 增进情感，相互信赖

在第四章中，我已经为各位读者介绍过有关倾听的几大技巧。但正如本章开头所述，最重要的并非熟练掌握某一种技巧，而是要将这些关键技巧恰当地组合使用。这就好比开车的时候，过硬的驾驶技术是指能够完美地配合使用踩油门、踩刹车、转动方向盘。

在这一节我将为各位读者具体介绍关于"倾听"技巧的组合。

倾听的大致流程分为"倾听对方的主要诉求""倾听对方的心里话""确认对方的心里话"这三个步骤。从这个流程可知，倾听的最终目标既不是"课题的形成"也不是"课题的解决"，而是认真倾听对方说的话。在进行一对一沟通时，如果下属对上司能够产生"上司没有否定我的想法，他认真地听了我说的话"的想法，就说明一对一沟通的目的达到了。

企业以营利为目的。因此，我们在日常工作中的对话几乎都是围绕"课题形成"与"课题解决"展开的。我们是否做到了在前一

个阶段就应该做到的"互相尊重"与"互相信赖"呢？在这里我想提出的问题是，平时我们在进行"讨论"前，是否已经做到了充分的"对话"？

我建议大家在一对一沟通这个"器皿"中盛上"咨询法"而非"教练法"这道菜的原因便在于此。"教练法"的目的是帮助对方"达成目标"；"咨询法"的目的则是帮助对方"形成健全的人格"。在很多企业"倾听"都没有被很好地执行，我认为对于现代的企业来说"倾听"是不可或缺的，所以，我提倡企业进行以咨询法为主体的一对一沟通。

为了避免大家产生误会，我再补充说明一下。"教练法"是心理疗法的一种应用，原本在帮助客户"达成目标"的同时，还要帮助对方"形成健全的人格"。但只有水平极高的培训师才能提供这样的服务，帮助客户同时达成上述两个目标。一般越是没有经验的培训师，越容易执拗地追求"达成目标"与"解决课题"，这样一来，最关键的打基础的部分——帮助对方"形成健全的人格"就会被忽略。连专业的培训师都容易犯这样的错误，更何况是在接受三天左右的培训后就要在一对一沟通中实践的企业高层呢？本来企业高层每天都要面对业绩的压力，他们一旦无法深入理解"教练

倾听的模式

倾听的最终目标并非"课题的形成"，也不是"课题的解决"，而是认真听对方说的话。

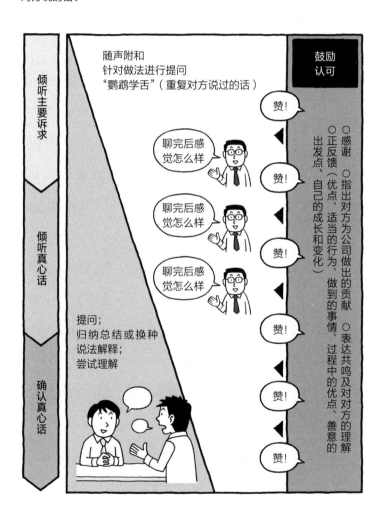

法"的意义，只学到了表面的皮毛，就会过度地关注"目标达成"与"课题解决"，甚至会在一对一沟通中急切地反复提问或质问下属。为了防止这类错误做法出现，我提出了一对一沟通这个重视"倾听"的咨询性较强的沟通方式。

那么，回到正题。刚才谈到了倾听的步骤是"倾听对方的主要诉求""倾听对方的心里话""确认对方的心里话"。在这里我想强调的是，"倾听对方的主要诉求"与"倾听对方的心里话"并不一样。众所周知，在心理咨询中，"主要诉求"与"内心真正的想法"并非一回事。客户的主要诉求很多时候在大脑中并不清晰，没有形成一个有条理的状态，而且很多时候会和"我没有很好的归属感"这些自卑的想法一起表达出来。而这正是倾听可以发挥作用的地方。不否定对方的观点、发自内心地产生共鸣，通过这样的倾听，对方渴望"归属感"的内心会得到满足，从而使自卑心理减弱。于是，对方便可以逐渐放下敏感的戒备心，冷静地待人处事了。最终，对方找回了自己解决课题的能力和积极性，并以自己的力量发现并解决新的课题。

这里还有一个关键点，就是上司要不断用语言等方式鼓励下属。虽然认真倾听这个行为本身就是鼓励对方的做法，但如果能够通过语言或态度传递"正面关注"（以自己积极正面的情绪去关注对方积极正面的地方），就会取得更好的效果。这不仅对下属有正面作用，对上司来说也会有积极的影响。这样一来，上司对眼前这位下属的消极看法就会减弱。以前上司可能会认为"他没法凭自己的力量解决课题，必须我帮助他才行"，但这个想法会逐渐消失，取而代之的是对对方的信赖。

今后上司的想法会转变为："眼前这位下属本来就可以凭自己的力量发现课题并解决课题，不需要我插手帮助。只要相信他的能力，在旁边观察，就是对他的帮助。""虽然现在可能还看不到下属的成长，但要相信他，只要不断给予鼓励，将来有一天他一定会成功。一对一沟通并不是用来解决眼前的课题的，而是让体验学习圈循环起来的培养下属的方式。要耐心地等待下属的成长。"换句话说，上司今后就可以变得无条件地信任下属了（这被称为"信赖"，具体请参照第186～192页内容）。

将这一系列步骤与想法总结起来就是第143页"倾听的模式"那张图所示的内容。倾听，是一对一沟通中使用频率最高的方法，同时它也是其他方法的基石。希望大家能够反复使用它，体会其效果。

倾听的三个条件

如果大家按照前文所述进行实践，就会发现自己"说与听"的比例变成了 2：8，最多也不过 3：7。在一对一沟通中，上司几乎将大部分时间都花在了"听"上。前文提到过，有人说神赋予了人类一张嘴、两只耳朵，就是在告诉人类要多听少说。但这个"听"并非只用耳朵听到声音就可以了，而是要用"眼、耳、心"去"倾听"。

"来访者中心治疗"创始人卡尔·罗杰斯提出的"倾听的三个条件"对理解"听"与"倾听"的区别具有极大的参考价值。

"倾听"的第一个条件是"对对方无条件的关心"（Unconditional Positive Regard）。在进行一对一沟通时，即便下属表现出消极的言行或情绪，也不要对其进行批评教育或否定，应该无条件地给予对方肯定，并关心对方，这便是"对对方无条件的关心"的意思。

"没有干劲""想从公司辞职""我没错，是顾客的错""目标设定本来就不合理，不可能实现"等，如果下属表达出这些消极的情绪或信息，那么上司首先要做的是以肯定的态度接受对方的这些想法，但不需要赞同。无论对方表达了什么样的信息或情绪，我们都不要否定，不要批评教育，接受对方原本的想法就可以了。

"倾听"的第二个条件是"对沟通内容基于共鸣的理解"（Empathic Understanding）。关于这一点，卡尔·罗杰斯认为"对于客户的私人世界要宛如自己的私人世界一般去感受"。个体心理学的创始人阿尔弗雷德·阿德勒也曾表示"要用对方的眼睛看，用对方的耳朵听，用对方的心去感受"。由此可见，"宛如自己的私人世界一般去感受"对方的事情是多么重要。我们不需要和对方的观点一致或者经历相同的事情，更不需要赞同对方的观点。虽然对方的观点和自己的价值观不同，但产生共鸣地去理解对方是能够做到的。我们可以深有体会地表示"原来如此，你的感受是这样的啊"，这便是"对沟通内容基于共鸣的理解"。

"我和你是不同的。如果我跟你是同一对父母所生，成长在同样的家庭环境中，上同一个学校，交同样的朋友，经历了同样的事情，或许我会和你的感受相同，甚至和你犯同样的错误。"这种想法正是这里所说的"对沟通内容基于共鸣的理解"。

将这种感觉带入一对一沟通，就能够冷静且有效地拉近与对方的距离。正是因为有了对沟通内容基于共鸣的理解,"对对方无条件的关心"才成为可能。

　　"倾听"的第三个条件是"自我一致"(Self-Congruence)。自我一致的状态就是指灵活的自我认知(即我是什么样的人)与实际情况保持一致的状态。反之,自我不一致的状态便是对自己的认知很僵化,且与实际情况不符的状态。

自我一致与自我不一致状态的对比

项目 方面	自我一致状态	自我不一致状态
自我认知	灵活的自我认知: 我虽然是一个诚实的人,但有时会根据需要撒谎	僵化的自我认知: 我一直是一个很诚实的人
实际情况	我撒了谎→自我一致→心理健康的状态	我撒了谎→自我不一致→不是根据事实情况认清自我,而是歪曲事实(比如认为"我没有撒谎""是别人的陷害导致我说谎的"等)→心理不健康的状态

　　自我一致是心理健康的表现,而自我不一致则是精神疾病的开始。一个人如果拥有对自我灵活且客观的认知,就能够获得各种不一样的经验,让自己适应环境并不断取得进步。反之,如果对自己

的认知处于僵化状态，就无法适应现实的环境。因此，在一对一沟通中担任咨询师角色的上司必须让自己保持自我一致的状态，让自己成为自我一致的范本，在这种状态下无条件地以肯定的态度关心下属。于是，下属也能够接受真正的自我，实现自我一致的状态。可以说，"自我一致"既是对上司的要求，又是下属的目标。

　　在一对一沟通中，上司在倾听下属发言时要时常想到这三个条件。

【方法 2】体验学习圈 —— 提高企业
组织能力的习惯养成

大卫·库伯的体验学习圈既是一对一沟通中的一个目的，又是便于使用且效果极佳的一个方法。在已经持续进行一对一沟通的企业，上司几乎每次都要询问下属"这两个星期发生了什么事情"，以此推进体验学习圈的循环。这也是一对一沟通中的标准做法之一。从这个角度来看，体验学习圈与倾听一样，是使用频率较高的方法。

我提倡的体验学习圈的循环方法是，让上司发挥"经验→自我反省→理论→新的尝试"这个体验学习圈中"→（箭头）"的作用（详细内容请看第 22 页图）。

把大卫·库伯提出的体验学习圈理论放到一对一沟通中，是基于下属的立场。最理想的状态是即便没有上司的帮助，下属也能够自觉、自主地让这个学习圈循环起来。为了达到这个目的，上司可以在一对一沟通中对下属进行有效的帮助；对于下属来说，这是一种效果极佳的训练。上司要发挥的"箭头"的作用总结起来有下面四个步骤。

1.（上司）为了帮助下属"自我反思"进行提问

上司提问示例：

"这次获得成功经验的主要原因是什么？"

"这次的做法与以往有什么不同？"

"你认为如何改进做法可以取得更大的成功？"

"你觉得还有什么方法可以更好地发挥你的优势呢？"

"可以将这次的成功经验应用到其他什么事情上呢？"

⇨ （下属）进行自我反思

2.（上司）为了帮助下属形成理论，进行"归纳总结或换种说法解释"

上司提问示例：

"如果将刚才的内容总结成一句话，你认为是什么？"

"如果把这次经验当作教训，该怎么表达呢？"

"你这样说的意思就是……也就是说……"

"你想要表达的意思是不是……"

"对于你刚才说的话，我是这样理解的……你觉得我的理解有偏差吗？"

归纳总结或换种说法解释是从两个侧面帮助下属形成"理论"的。一个侧面是"语言表达能力"，也就是上司辅助下属将之前无法用语言精准表达的概念或内容表达出来。另一个侧面是"意识"的辅助。当上司用"眼、耳、心"去倾听下属的发言时，可能下属正在传达一个连他自己都没有意识到或无法很好地用语言表达出来的想法。这时，上司要做的事情就是坦率地告诉下属："你想说的是不是……""在我看来，你的表情和你现在诉说的内容似乎有些矛盾。我猜你真正想做的事情是……"上司通过不断尝试理解下属，就有可能使下属意识到之前忽略的想法。

⇨ （下属）形成理论

3.（上司）为了帮助下属"主动检验"而给予鼓励

上司鼓励示例：

"你这个想法不错啊！"

"原来如此！你是这样想的啊！"

"看得出来，你非常努力。"

"原来你是为客户着想才这么做的啊。"

"你很会替别人考虑。"

"你已经做到了当时能做到的最好程度。"

"你比以前更能干啦！"

"听到你说得这么起劲，我也感到很开心。"

⇨ （下属）"主动检验"

4.（上司）为了帮助下属获得"经验"而将工作交办给下属

上司交办示例：

"你不想试试 ××× 工作吗？"

"在 ××× 工作上，你设定了什么样的目标呢？"

"在 ××× 工作上，你追求怎样的工作质量呢？"

⇨ （下属）获得经验

⇨ 　循环回步骤 1

如此一来，上司就像体验学习圈中的"箭头"一般为下属提供帮助，并推动体验学习圈的循环。在一对一沟通中，上司反复推动这个体验学习圈的循环，使下属形成这种思考的固定模式，之后下属便会下意识地开始循环体验学习圈。最终，下属形成了自主学习的习惯，而企业的组织能力也会随之提高。

【方法3】课题分离 —— 解决人际关系

正如前文所述，"课题分离"可以说是《被讨厌的勇气："自我启发之父"阿德勒的哲学课》这本书带给读者最大冲击的一个方法。

具体来说就是，与人交往时，要明确别人的事与自己的事。这样做可以防止站在教育者立场的人过多干涉或插手对方的事情（即对方要处理的课题），使教育者和受教育者之间能够保持良好的关系。

在谈到课题分离时，人们经常使用家长命令孩子完成作业这个例子。比如，有一个小学生，他放学回家后根本不打算做作业，一直在看电视或玩游戏。家长看到后忍无可忍，便命令孩子："别光玩游戏了，赶紧去写作业！"遇到这种情况，大多数孩子都以"我一会儿就做"来反抗家长的干涉，或者极不情愿地答应一声，然后继续玩游戏。这意味着家长的命令根本无法打动孩子的心。

我们来想一想，"完成作业"这件事究竟是谁要去面对的"课题"呢？在个体心理学中，"究竟是谁的课题"很容易判断，只要考虑课题解决后会给谁带来好处，答案就一目了然了。在这个例子中，无论是做完作业的好处，还是没做完作业的坏处，要承担结果的都是那个小学生。也就是说，"完成作业"这个课题并非家长的，而是这个孩子的。

这样考虑，我们就能明白面对家长的斥责或命令，孩子无动于衷的原因了。本来是否完成作业就是孩子自己的事情。家长斥责并命令孩子，这就意味着家长一脚踏入了孩子的领地。所以，孩子不接受家长的干涉是必然的结果。那么，遇到孩子不写作业的情况，家长该怎么做呢？家长要尊重孩子，不要命令孩子，然后再使用方法 4 "提供的帮助与对方的需求统一"或者技巧 5 "让对方体验结果"就可以了。总之，如果教育者做不到"课题分离"，无法与受教育者保持良好的关系，那么教育与鼓励自然就不成立了。

此外，"课题分离"在其他场景下同样有效。比如，你原本希望对方能够喜欢你，结果被对方讨厌了，对此你耿耿于怀，总是希望对方能够喜欢上自己。这时，采用"课题分离"的方法也是行之有效的。我们想一想，对方是否喜欢自己这件事究竟是谁的课题呢？当然是对方的，这绝对不是自己的课题。这样一来，我们要做的就是不插手这件事，换句话说，就是做到不在意对方是喜欢自己还是讨厌自己。一个人不可能被所有人喜欢。如果有一百个人认识我，那么通常只有 20% 的人多少对我有好感，而 60% 的人对我的态度是中立的，剩下 20% 则是多少有些讨厌我的人。这并非我一个人的情况，无论是谁都是这样的。因此，对我们来说，重要的是不要过度害怕对方讨厌自己，不要因为对方对自己没有好感而试图改变对方的想法，这种努力是徒劳无功的。我们只要保持最真我的样子，去面对属于自己的课题就可以了。

在一对一沟通中，上司要认真倾听下属的主要诉求。如果下属提出的课题与人际关系有关，那么上司就要在明确这个课题的同时，提问"这究竟是谁的课题"，以此引导下属厘清自己的思路。绝大部分人际关系问题都源于做不到课题分离。也就是说，原本是别人的课题，自己插手干预了；或者本来是自己的课题，别人过度干涉了。

如果下属的烦恼是前者，那么上司只需使用这个方法，与下属一起分离课题就能解决问题了。比如，下属带着愤怒的情绪表示"同事和客户都不按照我的想法采取行动"，这时上司就可以向这位下属提问:"同事和客户采取什么行动是谁的课题?"通过这种方式将课题进行分离。这个答案一目了然,"同事和客户采取什么行动"并非这位下属该处理的课题,而是其同事或客户的课题。

尽管是对方的课题,但是因为下属错误地认为这是自己的课题,试图让对方按照自己的想法行动,所以才会行不通。遇到这种情况,能够采取的唯一有效的手段便是个体心理学提出的"提供的帮助与对方的需求统一"和"让对方体验结果"。这时,上司利用

课题分离的模型

在下属因为与同事或客户的人际关系而烦恼时,上司可以帮助下属解决问题。

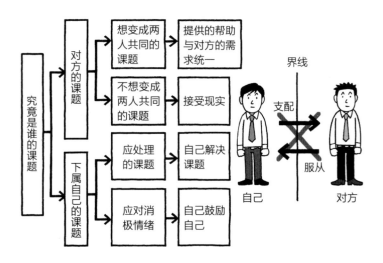

这两种方法与技巧，能够很好地与下属进行一对一沟通。上司可以继续向下属进行提问，可能会得到下属"我对此感到很烦躁"的回答。是否继续保持这种情绪，是下属自己的课题，上司要让下属自己决定。

此外，如果下属的烦恼是对方干涉了自己的课题，那么解决方法也一样。通过提问，明确是谁的课题，如果是下属本人的课题，那么上司可以建议下属不要在意对方的干涉；也可以建议下属委婉地向对方表达自己的想法，让对方明白这是自己的课题，不希望对方过度干涉。

只要我们使用"课题分离"的方法，大部分人际关系问题就能迎刃而解。上司在这个过程中要辅助下属分离课题，进而解决问题。

【方法4】提供的帮助与对方的需求统一
——恰当地帮助下属

在进行一对一沟通时，希望大家重视的一点是主角并非上司，而是下属。因此，"相信下属并耐心等待"极其重要。

但企业追求的是效益，每个企业都有经营目标，大家都要努力达成这个目标。也就是说，我们必须"推进课题的解决"，而这个压力自然落到了一对一沟通上。

我们该如何消除"相信下属并耐心等待"与"推进课题的解决"间的矛盾呢？

我的专业领域个体心理学，针对消除这一矛盾提出一个方法，这个方法就是"提供的帮助与对方的需求统一"。

前文为大家介绍过，个体心理学提倡，"给予他人帮助"时要注意距离。也就是说，在帮助他人时不能距离过近，否则就是"过度干涉"；也不能距离过远，否则就是"放任不管"；保持恰当的距离，才能提供恰当的帮助。

在我们个体心理学的同行中有一句口号："不较劲，不顺从。"这个"不较劲"的意思是，不要在愤怒等消极情绪产生时试图以命令的方式让对方按照自己的意愿行事。"不顺从"在这里的意思是，对于给集体添麻烦或者不做好分内事情的人，不放弃自己的原则，不与对方断绝关系。那么，我们该怎么做呢？答案就是使用"提供的帮助与对方的需求统一"这个方法。

"提供的帮助与对方的需求统一"这一步的起点是"课题的分离"。要在克制住自己"管闲事"的想法后继续下一个步骤。

下一步要做的是"倾听"。我们要认真倾听这些内容：下属对当下的课题做了多少，有多少还没有开始做；下属是如何看待现在这个课题的；下属打算今后如何解决这个课题；什么事情妨碍了下属解决课题；怎样做才能为下属提供帮助等。当然，这时上司必须认真倾听，而不能左耳朵进右耳朵出。也就是说，上司这时必须用"眼、耳、心"去倾听，不要否定下属任何一句话，也不要进行批评教育，只要努力理解下属就可以了。

现在终于能迈出下一步了。下一步首先要"敲门"，然后让对方提出要求。比如，上司可以把"我能针对某某话题说两句吗"这句话当作"敲门砖",以此获取对方的许可。

让对方提出要求则是指,上司要询问下属"有没有我能帮上忙的事情"或者"有什么希望我帮忙的吗"。

上司希望能给下属提供建议,但是下属并没有这种想法,这就是目标的不一致。这样一来,上司想做的事情对于下属来说便没有帮助。所以,上司在提供帮助前首先要做的便是取得对方的许可。

然而,即便取得了对方的许可也不能直接提供帮助。接下来

提供的帮助与对方的需求统一

让"相信下属并耐心等待"与"推进课题的解决"能够同时进行的方法。

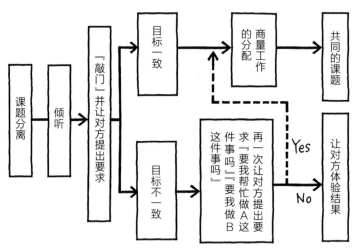

本图由作者参考日本个体心理学会教材《通道》(暂译名,原名《*Passage*》)制作。

要做的是让对方提出要求。这时，希望大家能够采用"开放式提问"。比如，上司可以问下属"有什么我能帮忙的吗"，不要给对方选项或提示，让对方可以自由回答。这样做既表明了上司对下属的尊重，也表现出上司重视下属的主体性，同时也证明了上司相信下属有能力独自解决问题。之后，如果下属回答"希望您能帮我做×××"，上司与下属的目标就一致了，接下来上司才可以提供帮助。

如果之前上司和下属建立了良好的信赖关系，那么在这一步下属应该会同意上司的做法，并提出自己的要求。如果上司和下属并没有建立良好的信赖关系，就无法顺利实施下面的步骤了，下属很有可能拒绝上司，并表示"我一个人可以完成，不需要帮助"。如果下属拒绝了上司，双方的目标没能保持一致，这时上司的"知难而退"就非常重要了。因为，这时上司即便想强行进入下一步，也无法帮助下属，更谈不上对下属的培养了。遇到这种情况，上司能做的只有重新与下属建立互相尊重、互相信赖的关系。如果跳过这一步，那么下面的步骤都无法进行。

这种情况意味着下属要自己解决课题，而上司只能旁观。走到这一步也并不意味着"全盘皆输"，因为这种情况意味着下属自动进入下一步"体验结果"了。下属拒绝了上司的帮助，他就要自己担负起责任，独自面对课题，这样他就获得了"通过体验进行学习"的机会。有关"体验结果"的具体内容已在第四章为各位读者介绍过了，在这里便不再赘述。

通过以上的步骤，如果下属拒绝了上司提出的帮助，就要注意了。这意味着上司并没有做好教育下属的准备。这时上司如果过于积极地采取与教育相关的行动就操之过急了。换句话说，上司在这种情况下不能在下属体验结果后去询问"你通过这件事学到了什么"。这时应该做的是一点一点建立起与对方相互尊重、相互信赖的关系，这才是行之有效且安全的做法。

我们回到原来的话题，刚才我们说到当上司提出想要帮助下属时，却被下属拒绝了。接下来要做的事情是"让对方提出要求"的后续。也就是说，如果面对上司"有什么我能帮忙的吗"这种开放式提问，下属难以作答的话，那么上司可以辅助性地提供具体的选项，再一次让下属提出要求。

举个简单的例子，请大家想象一下在咖啡店点单时的场景。当你进店坐下来时，店员会上前询问你点什么饮品。这时我们如果不知道自己该点什么，就会让店员提供菜单（也就是选项）。因此，在一对一沟通中，有时上司为下属提供"菜单"（选项）也是一种不错的方式。可以通过"我可以帮你做 A 这件事，也可以帮你做 B 这件事，你觉得哪件事需要我帮忙呢"这样具体的选项帮助对方提出要求。

到了这一步，如果下属终于提出要求，那么就进入"提供的帮助与对方的需求统一"的最后一步，即"商量工作的分配"。

在这一步最重要的同样是上司不要试图代劳下属的课题。还是那句话，不要过度干涉，不要放任不管，要在恰当的距离提供恰当的帮助。上司需要重视下属的主体性，尊重下属从经验中学习的过程，然后再分配恰当的工作。

前文介绍过，一对一沟通最基本的两个做法是倾听和体验学习圈。但正如这一节内容所述，有时我们就是无法"推进课题的解决"。这时，我们要使用的方法便是将"提供的帮助与对方的需求统一"起来。这个做法能够在保证达到一对一沟通的目的的前提下，将一对一沟通的辐射范围扩大。

【方法5】寻求解决办法的焦点解决短期治疗

前文为大家介绍过，焦点解决短期治疗是以史蒂夫·德·沙泽尔和茵素·金·柏格为首的美国短期家庭治疗中心研发的一种心理疗法。焦点解决短期治疗还被认为是企业培训中常用的"教练法"的原型，与企业经营等具有较高的契合度。

这个方法并不会用到通常解决问题时"分析原因"的做法。这个方法只是大致听一下对方的主要诉求或提出的问题，便迅速开始着手"解决"。也就是说，在对方开始不断列举出问题和寻找原因前，就直接进入探讨"最终想取得什么结果"这一步。

比如，生产等一线部门认为"分析原因"才是解决问题的关键所在，于是不断重复提问"为什么"，希望以此找到原因。这个做法只能在物理学世界行得通，在人类所处的心理学世界是行不通的。在"寻求解决办法的焦点解决短期治疗"中将"分析原因"背后的观点称为"病毒感染模式"，这种观点认为有什么样的因才有

寻求解决办法的焦点解决短期治疗的背景

这种方法认为事物发生的原因有许多，分析其原因并没有意义。

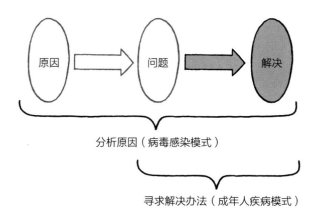

分析原因（病毒感染模式）

寻求解决办法（成年人疾病模式）

什么样的果，之所以出现症状（如咳嗽、发烧等），是因为感染了病毒。在一对一沟通中，下属提出的课题是否真的属于这种"一个结果对应一个原因"的问题呢？

比如，公司内部及公司外部的人际关系问题、想不出新产品创意的烦恼、团队成员没有干劲的烦恼等，这些都是以"人"为对象的烦恼，绝非"病毒感染模式"那种单纯的一个原因造成一个结果的问题。为了与"病毒感染模式"有所区别，"寻求解决办法的焦点解决短期治疗"将这种观点称为"成年人疾病模式"。

成年人的代表性疾病有高血压、糖尿病、癌症等。这些疾病的原因并非只有一个，往往是很多原因（如饮食不均衡、睡眠不足、压力、遗传、运动不足等）叠加在一起造成的。因此，在治疗这些成年人疾病时，追究原因不一定能解决问题。这时最有效的做法是，把能想到的解决策略全部尝试一下，有效果就继续，没有效果就换下一种（比如换一种抗癌药、增加运动量、合理饮食、增加睡眠时间、减轻压力等）。

"寻求解决办法的焦点解决短期治疗"采用了相同的做法。对于下属在一对一沟通中经常提出的人际关系、创意匮乏、没有干劲等问题，要不断尝试可能有效的做法，一旦觉得某个做法行不通，就立刻换下一个。

"寻求解决办法的焦点解决短期治疗"需要按照三个规则操作："有效果时不换（现行做法）""有效果时强化现行做法""没有效果时，换掉现行做法（随便哪种做法都行）"。可以说，焦点解决短期治疗采用的是最原始的，"不知道哪个方法好那就都试试"的做法。因此，在这个做法中，重要的不再是原因，而是想要追求的结果。

此外，"寻求解决办法的焦点解决短期治疗"中还有一个独特的做法，就是"总是着眼于已经做到的事情"。比如，一个想戒烟

三个规则

不分析原因，把能想到的解决方法从头到尾尝试一遍。

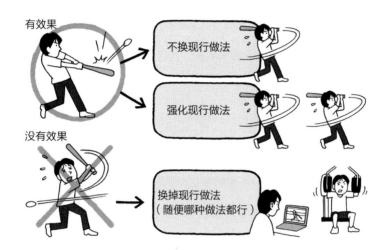

的人，只坚持三天就放弃了。以我们的常识来看，这个人戒烟失败了。但从"寻求解决办法的焦点解决短期治疗"的观点来看，虽然戒烟只持续了三天，但这个人有三天时间戒烟成功了。然后用这三天的成功让对方的想法来个一百八十度大转变，让他不再认为自己失败了，而是认为自己取得了三天的成功，并通过这个成功的经历继续寻求解决问题的好方法。

此外，"寻求解决办法的焦点解决短期治疗"还追求设定小目标而非大目标，这个观点颇具划时代意义。具体来说，当把现状与目标的完成情况进行打分比较（比如以 10 分为满分，用现状可以打几分这样的提问，将目标完成情况进行量化的做法）时，并不关注对方给出的分数（比如 4 分）与满分之间的差距，只要将"现有分数 +1 分"这个小变化作为目标，然后考虑该如何实现这个小目标就可以了。

一般来说，如果 10 分满分拿到 4 分的话，接下来，很多人会努力想要一次性拿到剩余的 6 分。正因为有了这种想法，所以人的大脑会停止思考，就找不到填补这 6 分的方法了。如果目标是在 4 分的基础上再多拿 1 分，想法就会不断涌现出来。接下来，在将这些想法不断实践的过程中，如果实现了提高 1 分的目标，再继续提高到 6 分、7 分就不是什么难事了。

这就是经临床研究检验过的心理疗法的主流做法之一"寻求解决办法的焦点解决短期治疗"。我在这个方法的基础上，增加了我自己的见解，使它变成更具有可操作性、更符合实际的方法。如果前面四个方法（倾听、体验学习圈、课题分离、提供的帮助与对方的需求统一）都无法解决问题或找不到课题的具体突破口，我相信利用"寻求解决办法的焦点解决短期治疗"能够提高成功的概率。

此外，由于"寻求解决办法的焦点解决短期治疗"与企业经

寻求解决办法的焦点解决短期治疗的模板

这个模板包含了我对个体心理学的个人见解。由此可以找到解决问题的具体线索。

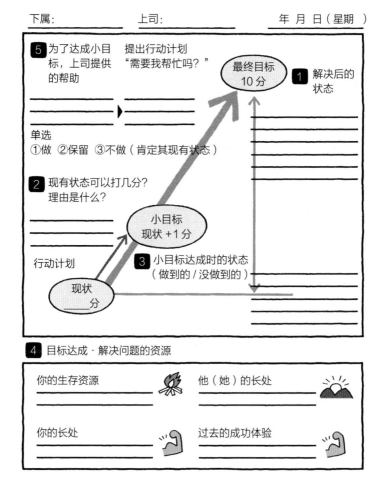

下属：　　　　　上司：　　　　　年　月　日（星期　）

5 为了达成小目标，上司提供的帮助　　提出行动计划"需要我帮忙吗？"

1 解决后的状态

单选
①做　②保留　③不做（肯定其现有状态）

2 现有状态可以打几分？理由是什么？

最终目标 10 分

小目标 现状 +1 分

行动计划

3 小目标达成时的状态（做到的／没做到的）

现状 ____分

4 目标达成·解决问题的资源

你的生存资源　　　　　他（她）的长处

你的长处　　　　　过去的成功体验

营等具有较高的契合度，能够帮助我们更快地找到解决问题的突破口，所以很受上司喜爱。但值得注意的是，这个方法并非万能，下属提出的烦恼可能并不适合用这个方法解决。

我在前文中谈到过，下属的主要诉求并不一定就是他的真实想法。有可能下属只是希望上司听听自己的想法或者希望上司产生共鸣或鼓励自己。这时，即使使用"寻求解决办法的焦点解决短期治疗"去看似合理地解决问题，也无济于事。遇到这种情况，采用最基本的"倾听"的方法更合适。

从这个角度考虑，我认为在一对一沟通中一定要注意不能滥用"寻求解决办法的焦点解决短期治疗"，这一点非常重要。

Chapter 06

一对一沟通不可或缺的五个要素

画龙而不点睛、没有用心的技巧会起反作用

如果对方说的话和表情、动作、语调是矛盾的，那么这时你会相信对方说的话吗？

比如，虽然上司嘴上说着"这个方案不错啊！还有没有什么办法能让它更好呢？"但他说话的语气很生硬，而且皱紧了眉头……这时你是相信上司说的内容，还是相信上司的态度呢？

加利福尼亚大学洛杉矶分校（University of California, Los Angeles，简称 UCLA）的艾伯特·梅拉比安教授曾进行过一个著名的实验。实验结果显示，人们对语言内容的信赖只占全部信息的7%，非语言的听觉信息为38%，而对非语言的视觉信息则为55%。

此外，我还经常听到这样的案例，上司学了教练法或心理咨询的一些技巧后便会在职场中进行实践，然而下属对上司突然的转变感到很奇怪。这说明，上司只学到了表面的皮毛，而他内心真实的想法并没有转变，导致下属察觉到了其"内外"的矛盾而

心生疑惑。

即便上司用再熟练的技巧掩盖内心的真实想法，下属还是会察觉。因此，在一对一沟通中担任咨询师角色的上司，不光要注意自己的措辞，还要提前调整自己的想法和心态。画龙而不点睛、没有用心的技巧会起反作用。

个体心理学创始人阿尔弗雷德·阿德勒的得意门生鲁道夫·德雷克斯（1897—1972 年）提出了符合良好人际关系标准的四个要素。这四个要素分别是"尊重""信赖""合作""目标一致"。此外，这里还要再补充一个要素，这个要素就是个体心理学中治疗与教育的目标——"共同体感觉"（Social Interest）。

个体心理学认为，上司如果不具备上述五个要素，就无法鼓励或教育下属。

我们试着分析一下具备这五个要素的情况和不具备的情况。

第一个要素是"尊重"。在个体心理学的定义中，"尊重"的意思并不是尊重对方的能力或行为，而是认可对方拥有善良的人格。比如，面对做出不恰当行为的下属，上司的想法应该是"或许他做错了事，但他还是相当努力的。他是一个善良的人，只不过工作能力和经验不足罢了"。上司的这种想法即便不通过语言表达出来，也能自然而然地传递给对方。这样的上司也会受到下属的尊重。如此一来，双方就做到了互相尊重。只有达到这种状态，下属才做好了接受上司鼓励或教育的准备。在没有达到互相尊重的状态下，上司鼓励或教育的语言是无法触动下属内心的。

第二个要素"信赖"也十分重要。这里所说的"信赖"是指即便没有依据、下属没有取得良好的业绩，上司也要无条件地相信下属的"可能性"。上司即便一再地失望、被欺骗、被辜负，也要相信下属总有一天会成长起来。反之，不信赖对方的意思是对对方的信赖是有附加条件的，这其实不是信赖，而是信用的问题了。上司如果做不到无条件地信赖下属，就不可能鼓励或教育下属。

第三个要素是"合作"。"合作"在这里是指上司与下属"手拉手"，一起解决课题。"合作"的对立面是上司对下属的放任不管。"这个问题是你导致的，所以你要自己解决，跟我没有关系。你打算怎么做？"像这样的表述就表现出不"合作"的态度。

如果下属并没有寻求上司的帮助，那么上司的过度干涉也不算"合作"。个体心理学认为，过度干涉对方并不属于合作行为。合作的目的不仅是解决眼前的课题，还要实现经常给予对方鼓励这个目标。如果下属没有寻求上司的帮助而上司却擅自干涉，就很容易影响下属的"勇气"（即"自己有能力且与身边的人都是朋友"）。因为这种行为就是在向对方释放"你一个人完不成，我帮你吧"的信号。上司的这种自作主张、强加干涉的行为被称作"弥赛亚情结"（通过扮演救济者去帮助他人，并以此获得自己精神上的满足）。这时对于上司来说，正确的做法是不要插手而是默默关注，或者以询问的方式表明自己有帮忙的意愿。

第四个要素"目标一致"对维持良好的人际关系也很重要。如果下属的目标与上司的目标不一致，双方就无法达成有效的合作。同样，如果下属根本不希望上司帮忙，上司却将帮忙看作理所当然的事情，这本质上也是一种目标的不一致，双方自然就无法建立良好的关系。

上司要认真倾听下属的想法，了解下属想达成什么目标。但这个目标不能"只顾自己不顾他人"，要对顾客、团队甚至共同体内所有人都有益才可以。上司只有在确认完下属的目标没有问题后才能继续进入下一步。但要注意的是，上司不能一开始就贸然下命令或者插手，要让下属自己提出要求，然后按照下属提的要求商量工作的分配问题。

第五个要素是"共同体感觉"。阿德勒称"共同体感觉"为

"引导之星"，并表示"所有问题都是由欠缺共同体感觉造成的"。也就是说，"共同体感觉"是治疗与教育的一个目标。用一句话概括这个观点就是，我们追求的并不是"只顾自己不顾他人"或者给别人添麻烦，而是尽可能寻找"如何才能使自己和周围人都能变幸福"的方法。这个概念与前文的"合作""目标一致""勇气"都有重叠的部分。如果能够理解"共同体感觉"并牢记于心，就会为一对一沟通注入"灵魂"。在日本，学习个体心理学的人将这个概念视作个体心理学的"中心思想"。

在进行一对一沟通时，上司需要具备各种各样的应答技巧。但这些技巧要在基本概念形成后才成立。没有"灵魂"的技巧会招致对方的不信任。因此，我们首先要做的是具备以上五个要素。此外，我们还要经常思考"现在的我是否具备这五个要素"，自我反思同样重要。

【要素1】尊重 —— 区别行为与人格

"尊重"这个词的英文单词是"respect",将这个词拆分开就是"re(再次)"+"spect(看)"。也就是说,尊重指的是要重视而不能轻视,有时甚至要重新审视。将个体心理学中重视的"区分不恰当行为与失误""区分行为与人格"(Separate The Deed From The Doer)与这个"重新审视"结合在一起,其实就是个体心理学中对"尊重"一词的解释了。

通常情况下,我们看到对方令人生气的行为时,就会认为对方的行为不恰当。

原本,不恰当的行为是指给他人添麻烦的行为,严格来说是破坏了共同体的行为。如果这个行为并非有意为之,纯粹是对方的一次"失误",那么我们该如何看待这个行为呢?

举个例子,一位同事在关会议室的门时使门发出了巨大的声响,但这个行为并非他故意的,他原本打算轻轻地把门关上,却失

什么是尊重

尊重的意思是要重视而不能轻视，有时甚至要重新审视。

re（再次）+spect（看）= 重新审视

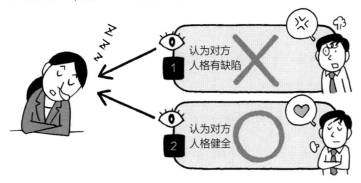

区分"不恰当行为"与"失误" / 区分"行为"与"人格"

作者参照《孩子：挑战》（鲁道夫·德雷克斯、薇姬·索尔兹著）一书制作上图。

手了。人往往容易仅凭对方某个瞬间的行为立刻就判定该行为不恰当，甚至会认为对方粗心大意、不考虑别人，严重的还会认为对方人格有缺陷。

事实上，平时被我们认为的"不恰当"的行为，绝大多数只是对方的一时失误。因此，我们才需要"重新审视"对方的行为。在"重新审视"后，我们可能会发现两种情况。

一种是我们之前武断地认为对方关门时使门发出巨大声响

就是不恰当的行为，但当我们重新审视对方的行为时，就会发现那只不过是对方的一次失误罢了，这便是第一种"重新审视"。

"重新审视"后的第二种情况就是发现对方关门时使门发出巨大声响并非失误。比如，对方之前有过两三次同样的行为，虽然别人曾提醒他注意，但他关门时仍使门发出巨大声响，那么对方的这个行为确实不恰当。

在个体心理学中，遇到这种情况，建议大家采用第二种"重新审视"。第二种"重新审视"审视的是对方反复进行某个行为的目的。比如上面那个例子，如果对方屡教不改，关门时总是使门发出巨大的声响，我们就要重新审视他这么做的目的是什么。

个体心理学认为，"所有行为的目的都是归属感问题"。根据这个观点，上面那个例子中的人希望自己归属于"不拘小节、粗心大意"的一类人，而且这个归属感从小已经形成，所以他一直以来做事都不拘小节、大大咧咧。

因此，我们要注意的是区分对方的行为与人格。也就是说，对方采取了不恰当的行为不代表他的人格就不健全。一个人采取了不恰当的行为，其目的可能是在共同体中寻找归属感，所以他的本意是好的，我们决不能单纯地根据对方的行为判断其人格。

以前我们看到对方的不恰当行为会感到不愉快或烦恼，但通过这两种"重新审视"，我们可以更加客观地看待对方。即便对方做出了不恰当的行为，我们也能发现对方并非莫名其妙的怪人，他的不恰当行为只不过是因为他有脆弱的一面或者渴望找到归属感。虽然对方的行为看起来并不恰当，但他的目的是寻找归属感，他的出发点是好的，他的人格是健全的 —— 我们要带着这些想法重新审视对方，这就是尊重对方的做法。

可能有些读者在听完上述解释后会表示"无法认可这个观点"，我们如果换个角度考虑这个问题，或许就能理解了。"个体心理学或许并非真理，但它一定很好用。"这句话是我的一位个体心理学老师对我说的。

这句话并非只适用于个体心理学，可以说适用于所有心理学。个体心理学的思考方式，比如"所有行为的目的都是归属感问题"等，没有人能够判定这个观点是不是真理，对此展开讨论也是做无用功。既然它并不一定是真理，那么为什么说它好用呢？

所谓的"好用"就是在需要时能够派上用场。也就是说，利用这个"尊重"，我们能够顺利地治疗或教育对方。

我们如果不尊重眼前的人，武断地认为对方的人格不健全，在这样一种对峙状态下，是无法进行心理咨询或达到教育目的的。因为你压根儿没有接受对方。如果我们认为"眼前的人即便行为上有错误，但他的人格是健全的"，那么治疗和教育能够顺利进行的概率会提高很多。因此，我们要接受"尊重（对方）"这个概念，将对方的行为与人格区分开，虽然这样做不一定是真理，却非常好用。

在一对一沟通中，只有上司尊重下属，下属才会尊重上司，这时双方才能处于互相尊重的状态。除了与他人的互相尊重，还有一个"互相尊重"，那便是自己尊重自己。也就是说，我们不但要尊重对方，还要尊重自己。人无完人，我们难免会失误，也会伤害到别人。我们也要将自己不恰当的行为（请注意，失误并非不恰当的行为）与自己的人格区分开。

我们在做出不恰当行为时，要考虑到自己的目的是寻找归属感，人格是健全的，这样我们就能尊重自己，同时有助于我们尊重他人。

人际关系和自己与自己的关系是一样的，如果人总是对自己很严格，那么对其他人会同样严格。

我们要做的便是将失误与不恰当的行为区分开，重新审视对方的行为。然后再将行为与人格进一步分离，再一次审视。这个做法对自己也是同样的。这才是尊重的状态。

当你能够尊重自己与对方时，你与下属的关系就会得到改善，有助于你在一对一沟通中鼓励下属，起到帮助或教育对方的作用。

【要素 2】信赖 —— 无条件地交给对方白纸委任书

第二个要素是"信赖"。有一个词与"信赖"很相似，叫作"信用"。这两个词有什么区别呢？

信用与信赖的区别

"信用"是指带附加条件地相信，而"信赖"是无条件地相信。

信用	信赖
信用金库 ○ 信用交易 ○ 信用调查 ○	信赖金库 × 信赖交易 × 信赖调查 ×
有担保和收益	没有担保和收益
被辜负后不再信任	被辜负后依然信任
适用于官方组织	适用于非官方组织
有附加条件	没有附加条件、白纸委任书

平时我们会说信用金库、信用交易、信用调查，却不会说信赖金库、信赖交易、信赖调查。信用的英文单词是 credit。提到 credit，我首先想到的就是 credit card（信用卡）。而信用金库、信用交易、信用调查也都是与金融相关的词语，它们的共同点是都需要有担保和收益。

对担保和收益进行的调查就是信用调查。如果有担保和收益，银行就会批给申请者信用卡，没有的话就不会通过审批；如果有担保和收益，信用金库就会借给申请者钱，没有则不会借；信用交易也是同样的，是否有担保和收益决定了是否可能进行交易。因此，信用建立在当事人过去的收益和担保的基础上，也就是说信用是一种有附加条件的信任。

信赖则相反，信赖的英文单词是 trust。它的意思是即便没有收益、没有担保也无条件地相信对方，就好比交给了对方一张白纸委任书。

经营顾问和客户之间需要这种信赖。互相不信赖，客户就不会对经营顾问说心里话，也不会接受经营顾问提出的建议，甚至不会把经营顾问安排好的作业或面谈日程当回事。如果经营顾问并没有处理好双方的信赖关系，那么接下来的咨询和指导都是在做无用功。经营顾问即便一而再再而三地被客户辜负，也要信赖客户，即便现在无法立刻做到这个程度，今后也一定要努力做到。只有我们能够无条件地相信对方的"可能性"，双方才能建立起信赖关系。

在上司与下属的关系中，信任的方式稍微有些不同。公司是要依靠信用经营的。公司与公司之间的合作及交易能够达成，完全是建立在信用的基础上，而非信赖。所以在公司内部，上司与下属不能完全只依靠信赖。那么究竟该怎么办呢？

答案之一便是使用一对一沟通解决这个问题。大家是否听说过格雷欣法则（Gresham's Law）呢？所谓"劣币驱逐良币"，放到这里解释就是日常工作中上司欠考虑的指示或命令口吻的沟通方式（劣币）会"驱逐"以倾听为主的咨询型沟通（良币）。为了预防这种情况，我们要区分劣币与良币。也就是说，我们要将一对一沟通看作一个理想的"国度"。

企业的日常业务靠信用去经营，而一对一沟通则依靠信赖去经营，两者需要根据不同场合区分使用。为了让大家更容易理解这种区分，我将从拙作《如果阿德勒是上司的话》（暂译名，原名《もしアドラーが上司だったら》）中引用下面这个例子进行解释。

互联网广告代理店的员工吕厄（Ryo）的上司多拉（Dora）是一个掌握了个体心理学概念的上司。但上司的一句话却让吕厄深感困惑。之前，吕厄拒绝了一个大客户的广告制作订单，因为这个大客户疑似有不正当经营，所以吕厄决定保护消费者权益而放弃了通过签下这个订单完成销售目标的做法。对此，上司多拉虽然一方面说"我尊重你的判断"，另一方面却表示"不过我会给你的人事考核成绩打低分，你的晋升也会延后"。于是两人有了下面这样的对话。

下属吕厄："您是真的信赖我，还是依据信用在评价我呢？到底是怎么回事啊？"

上司多拉："我现在依然百分之百信赖你，我绝对是相信你的。"

下属吕厄："那您为什么换了项目负责人，为什么降低了我的级别？"

上司多拉："这不是很显然嘛，这里是公司，你的业绩目标并没有达成，而且还有客户投诉你。我只不过根据你的业绩换了更适合那个项目的负责人，并且给你减少了客户、降低了业绩目标而已，这都是理所当然的。这有什么好奇怪的？公司如果无条件地相信别人，只依靠信赖是无法运营的，公司要依据有附加条件的信用才能运营。因为在商业中，信用是一切的前提，而信用建立在实际的证据之上。我们公司也是一样的。公司不可能只靠信赖运营，还要靠信用。没有收益就无法评价，没能达成业绩目标的人评价就会下降。你在公司工作，必须明确信赖与信用这两个概念。信用体系与信赖体系很相似。我作为课长，通过信用体系评价作为下属的你。我会公平公正地通过你的业绩判断你的价值，维持公司信用体系的运转。但作为一个独立的人，我无条件地相信你。不是以课长的身份，而是作为一个人，我多拉这个人无条件地相信你吕厄这个人。你非常优秀，有着无限的可能性。我发自内心、百分之百地相信你的可能性。"

听完课长这一席话，吕厄明白了。原来课长只是通过信用体系公正地做出判断，依据自己的业绩评价自己的价值，在人事任命上并没有掺杂私心。作为一个独立的人，课长依然无条件地信赖我。

乍一看这两件事似乎有些矛盾，感觉它们好像无法同时成立。但看到上司的做法，下属才发现原来这两件事是可以同时成立的，两者并不矛盾。下属虽然并不明白让这两个看似"矛盾"的概念同时成立的机制，但上司毫无疑问是这样做的，而且毫不动摇，非常坚定。

解说

对人亲切＝信赖；对工作严格＝信用。一直以来受人尊敬的上司都是"对人亲切、对工作严格"的人。他们能够区分使用信赖与信用，所以才能成为真正的领导者。（中略）

那么，在企业内部到底是"信用"还是"信赖"在发挥作用呢？不对，应该说到底是哪一个在让企业运转呢？正如上文中多拉对吕厄做出的解释，在企业中两者都不可或缺。如果只依靠"信用"，领导就会"对人严格、对工作也严格"，这样的企业就仿佛一支军队，往往人际关系淡薄。反过来也存在问题，如果一个企业"对人亲切、对工作随便"的话，即便团队内部关系再好，也无法满足顾客的需求，企业的经营也会出问题。正确的做法正如多拉所做的，对人要亲切，对待工作要严格。即在公司对待工作需要公正地使用"信用体系"，而在一对一沟通中则要使用"信赖体系"。

希望上司能够兼顾这两点。

对人亲切（即信赖），对工作严格（即信用）。

在一对一沟通中，上司要优先"信赖"，需要真诚亲切地对待下属；而在涉及人事考核、从业规则、业绩管理制度、奖励制度等规章制度时，则要公平公正地依靠"信用"评价，保证工作的严谨性。

在商业这个信用的世界，上司要有意识地运用"信赖"，这在一对一沟通中也是非常重要的概念。

【要素 3】合作 —— 不过度干涉也不放任

在前面的内容中已为各位读者介绍过，"合作"指的是双方互相帮助，一起解决课题。反之，"非合作态度"是指上司认为下属的课题需要自己解决，"跟我没有关系"这种放任不管的态度；过度保护、过度干涉，也就是"管闲事"的态度，也是"非合作态度"。

这里说的"管闲事"是指上司为了自己的优越感利用下属，追求"你一个人完不成，我帮你吧"这种自我满足的行为。这种行为说白了就是多管闲事，影响别人的"勇气"。虽然上司因此获得了优越感，但下属却被灌输了"自己没有（为公司做贡献的）能力"的思想，并容易产生"身边的人都不是朋友（而是敌人）"的想法。也就是说，这样做非但无法培养出独立自主的人才，反而会让对方成为依赖性很强的人。这种做法显然无法称为"合作"。

在了解"合作"这个概念前，我们需要明确另一个概念，这就是个体心理学中与人交往的前提"课题分离"（具体请参考第五章第 155 ～ 159 页内容）。

"课题分离"其实只是"合作"的一个前提条件，是与人交往的第一步。如果上司止步于此，就无法实现"合作"。"课题分离"后，上司要认真倾听下属的心声，尽最大努力理解对方，这样就向"合作"迈进了一步。

首先上司要做的是，对于下属的课题，要在不属于多管闲事的范围内询问对方是否需要自己帮忙。这样做是在确立合作的态度。

然后，上司要将这个态度转化为行动。正如在前文中为大家介绍的，首先要"敲门"，询问对方自己是否可以发表观点，然后再让对方提出要求，明确自己可以帮忙的地方。

这时如果下属向上司寻求帮助，上司就要提供下属所需要的帮助。这便是"目标一致"。帮助的方式多种多样，希望大家在提供帮助的时候能够考虑帮助的方式是否有助于对方树立正确的信念。比如，代替对方解决所有问题，这种方式显然是不恰当的，因为这样会让对方误认为"自己无法独立解决问题，自己没有解决问题的能力"。

这时，更好的方法是，我们可以提供给对方多个选项。比如上司可以询问下属："要不要我给你一些提示？我帮你做其中某个部分吧？或者我在你提出的解决方法上提一些建议？"以此提供部分帮助。不过要注意，在这些选项中不能出现"我帮你把问题都解决了吧"或者"我可什么都不知道"这样的选项。只提供一部分帮助，正是帮助对方树立正确信念——"我有能力"的恰当做法。

　　之后就很简单了。当确定了要帮忙的部分后，上司与下属要确定好分工与截止时间，并明确接下来的任务。这样一来，上司和下

什么是"合作"

从第五章介绍过的"课题分离"切入。

co-（合）operation（作）

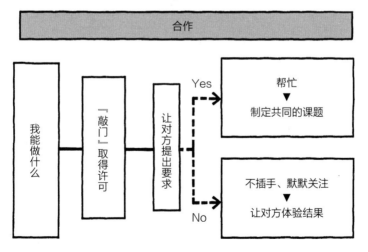

属就展开了合（co-）作（operation）。

假如你提出帮忙的想法后，下属拒绝了并表示"我自己一个人做"，遇到这种目标不一致的情况该怎么办呢？如果这是下属基于正确信念的一个恰当的选择，那么上司不要过多地干涉，可以采取"默默关注"这种特殊的合作方式。

如果上司认为把课题完全交由下属一个人完成有风险，预见之后会出问题该怎么办呢？这时，请将未来可能发生的事情提前反馈给下属，我们可以告诉下属："今后可能会发生这样的事情，你预计到了吗？"

不要让下属随便提要求，上司可以提供给下属具体的选项或内容，再让下属从中选择自己需要的。也就是说，不要问"你想吃什么"，而是问对方"我们有咖喱饭、烩饭、比萨，你想吃哪个"。不要将自己的想法强加于人，只有在下属真正希望上司提供帮助时，上司再提供帮助才有效果。此外，上司只需要"默默关注"，然后让下属"体验结果"（具体请参考第 125 ～ 130 页内容）并从中学习就可以了。不论失败还是成功，对方都能从结果中学到东西。这就是"合作"这个概念的意思。通过合作，我们可以使体验学习圈循环起来。

【要素 4】目标一致 —— 消除竞争态度

上司与下属如果没能做到"目标一致"，就无法合作。这里说的"目标"不仅是最终目标，还包括过程中的次要目标。

举个例子，假定达到某个营业额是最终目标，上司认为要实现最终目标就要先实现次要目标 —— 通过对下属进行培训提高商务洽谈的品质，但下属却认为没有必要这样做。遇到这种情况，上司与下属便无法进行合作。这是因为在次要目标的制定上，上司与下属并没有达成一致意见。

为了达成一致意见，上司需要和下属开诚布公地沟通。这与前文讲到的"尊重"和"信赖"这两个概念密切相关。为了让下属尊重、信赖自己，上司首先要尊重、信赖下属。

此外，目标中除了明确的"营业额目标"，还有许多下意识的目标。比如，原本下属应该向有关部门多次提交报告，却没有做这项工作。这背后的原因或许并不是下属粗心忘记了，而是他下意识地有其他目标。这个目标可能是"希望省事"（因为这个下属不喜欢那个部门的负责人，所以想要避开与该部门的交流）。这时，在一对一沟通中，如果上司只是叮嘱一句"你要记得向那个部门提交报告"，是无法改变任何事情的。遇到这种情况，上司要做的事情是将下属无意识设定的目标用语言表达出来，再帮助下属重新设定一个目标。

个体心理学认为，人处于愤怒或烦躁等负面情绪时，会伴随着下意识的目标。很多时候，愤怒伴随的目标是"让对方按照自己的想法行动""支配对方""展示自己的优越性"等。人之所以产生负面情绪，绝大多数情况都是因为目标具有竞争性。也就是说，这个目标对自己来说可能很合适，但对对方来说就有些勉强了。

比如，当对方产生厌烦情绪并怒吼时，自己的目标是"希望对方按照自己的想法行动"。但大多数情况下对方对这个目标是不满意的。因为对方也有自己的目标，人都不希望自己被别人操控。

这时，我们需要改变目标本身。我们应该放弃"希望对方按照自己的想法行动"这个目标，并通过沟通寻找让双方都满意的新目标。

上司与下属之间也是一样的。上司不能下意识地按照自己的喜好和想法设定目标，而是要通过与下属沟通，制定一个让自己与下属都满意的目标。而一对一沟通非常适合用来做这件事情。

这样一来，双方不再试图让对方听自己的，而是能够将自己下意识制定的目标用语言表达出来，再修改其中不合理的地方，然后通过沟通协商确定要采取的行动。这才是符合心理咨询的做法，并且这种做法极具教育意义。"目标一致"既是维持良好人际关系的要素之一，又是一种教育方法。

上司与下属合作还有一个前提。双方要将下意识制定的目标用语言表达出来，在此基础上，如果上司想与下属合作，就要进行"课题分离"。然后上司认真倾听下属对现状的想法。之后上司要先就提供帮助征得下属的同意，才能进入下一个步骤，进一步询问："你希望我怎么帮助你呢？"

上司还可以提供给下属具体的选项，但严禁将下属要解决的课题大包大揽，或过度干预下属的做法。上司应该做的是让下属负起责任，在工作上努力取得进步。上司要信赖下属，关注下属的成长。上司能提供的帮助只能是一部分，而不能全部代劳。

上司可以这样询问下属："你做好这份文件后，我帮你检查并提一些建议吧。你要不要参考一下我以前制作的文件呢？你也来参加下次的展示会吧。"这样的询问既具体又恰到好处。

　　因此,"目标一致"与"合作"是密不可分的。希望大家能将"目标一致"与"合作"这两个一对一沟通的前提条件熟记于心。

目标一致的概念

开诚布公地交流,与"尊重""信赖"这两个概念密切相关。

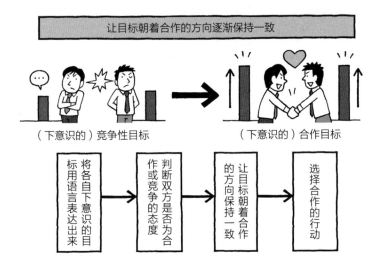

【要素 5】共同体感觉 —— 帮助他人
并为他人的喜悦而喜悦

"共同体感觉"是个体心理学中治疗与教育的目标，被称为"引导之星"，同时也被看作一个人心理健康的标志。阿德勒甚至在自己的著作中表示"不认可共同体感觉以外的基准"。

"共通体感觉"的意思是"帮助他人，为他人的喜悦而喜悦，并具有与他人合作的能力"。我们能从中直观感受到的是"竞争态度与合作态度"。

"竞争态度"是指必须分清是黑是白的态度。

优劣：我的想法更好，你的想法不如我；

正误：我的想法正确，你的想法错误；

地位高低：我在上，你在下；

善恶：我是善良的，你是邪恶的。

在物理学世界，在人为制定的某些条件和规则中，确实存在正确与否的差别。但在日常生活中，我们几乎都用物理学以外的价值观进行判断。也就是说，优劣、正误、地位高低以及善恶等都是基于价值观决定的。物理学无法决定价值观，价值观属于社会或宗教的范畴。

比如下面这些情况都属于价值观判断。

来公司上班差点儿迟到的人是不好的、错误的、下等的、恶劣的。

无法达成业绩目标的人是不好的、错误的、下等的、恶劣的。

全公司最早来上班的人是好的、正确的、上等的、优秀的。

业绩目标达成度最高的人是好的、正确的、上等的、优秀的。

但事实真是如此吗？如果我们的价值观改变了，判断结果也会随之改变。10年、20年的时间，连社会常识都会转变。

什么是"共同体感觉"

"共同体感觉"是指"帮助他人，为他人的喜悦而喜悦，并具有与他人合作的能力"。

自私自我	共同体感觉
为了我自己的幸福要怎么做	为了大家的幸福我能做什么
竞争的纵向关系	合作的横向关系
不认可不同	认可不同
评价他人	不评价他人
通过一决胜负或分清黑白解决问题	与对方商量有益的方法，共同合作解决问题

参考《个体心理学基础讲座理论篇》
（暂译名，原名《アドラー心理学基礎講座理論編》）一书制作上表。

在日本，结婚后出轨是不好的事情，但在一夫多妻制的国家出轨则是稀松平常的事情。曾经日本人以从早到晚上班为傲，但短短几十年后，很多人已经不认可这种做法了，甚至有些人很鄙视这种做法。

此外，"上班差点儿迟到的人"真的"总是"差点儿迟到吗？说不定这只不过是自己对对方的偏见，事实是对方按照公司要求的时间出勤了，自己却对对方提出了更高的要求。

　　我们从事企业培训讲师这一行的人经常引用下面这则寓言故事。

　　　　一位年轻人来到一个从未到访过的城市，他向一位站在街头的老人询问道："这是一座什么样的城市呀？"

　　　　老人没有回答，反问道："你是从什么样的城市来到这里的呢？"

　　　　年轻人回答："我之前住的城市，人们都自私且粗鲁。"

　　　　老人回答："这里也一样。"

　　　　这个年轻人在这里住下来后，发现这里真的就跟老人告诉他的一样，这里的人也自私且粗鲁。

　　　　不久，另一位年轻人来到这个城市，并向同一位老人问了同一个问题："这是一座什么样的城市呀？"

　　　　老人反问道："你是从什么样的城市来到这里的呢？"

　　　　这位年轻人回答："我之前住的城市，大家都很亲切热情，那个地方很棒。"

　　　　老人回答："这里也一样。"

这位年轻人也在这里住了下来，他发现这里真的跟老

人告诉他的一样，人们都非常亲切热情。

事实上，某种程度上，我们并没有生活在客观的世界，而是生活在主观的世界里。即便同住在一个城市、面对相同的人，人与人之间的印象也不尽相同。所以我们决不能认为我们的意见或价值观是绝对的或客观的，因为我们无法摆脱自己的主观看法。而且价值观本身就经常转变。50 多岁的公司高层与 20 多岁的小职员的价值观肯定是不一样的。他们的价值观没有孰优孰劣之分。不同国籍、人种、出身、性别的人的价值观不同是理所当然的，并没有正确与否的区分。

因此，在一对一沟通中，上司不能让下属选择"非黑即白"，即便对方的价值观和想法比较消极，也要以无条件地接受对方、肯定对方、关注对方的态度来沟通。不要随意评判对方，不要试图用自己的消极情绪（愤怒、焦虑、悲伤等）促使自己或对方行动。

上司需要将下属的行为与人格进行分离，将下属的失误与不恰当的行为进行分离，并尊重下属；还需要无条件地信赖下属，相信他的可能性；然后尽可能帮助下属。上司要将我们学到的所有内容

都运用起来，让"共同体感觉"发挥作用。

我们要做的就是在掌握这五个要素的基础上，灵活运用前面为大家介绍的五种技巧和五个方法。这样一来，下属就会获得心理上的安全感。

于是，上司与下属的关系就会得到改善，体验学习圈也能够顺利循环起来。一对一沟通的两个目的达到后，其效果也会越发显著。

希望各位企业高层在导入一对一沟通制度前，能够学习这五种技巧、五个方法、五个要素，这些都是至关重要的。

参考文献

[1]《ヤフーの1on1 部下を成長させるコミュニケーションの技法》本間浩輔著（ダイヤモンド社）。

[2]《交办的技术》，[日]小仓广著，林佑纯译，2015年，北京联合出版公司。

[3]《シリコンバレー式 最強の育て方 人材マネジメントの新しい常識1on1ミーティング》世古詞一著（かんき出版）。

[4]《もしアドラーが上司だったら》小倉広著（プレジデント社）。

[5]《被讨厌的勇气："自我启发之父"阿德勒的哲学课》，[日]岸见

一郎、古贺史健著，渠海霞译，2020 年，机械工业出版社。

[6] 《格鲁夫给经理人的第一课》，[美] 安迪·格鲁夫著，巫宗融译，
2017 年，中信出版社。

[7] 《Passage》（日本アドラー心理学会）。

[8] 《アドラー心理学基礎講座理論編》（日本アドラー心理学会）。

[9] 《アドラー心理学基礎講座応用編》（日本アドラー心理学会）。

[10] 《孩子：挑战》，[美] 鲁道夫·德雷克斯、薇姬·索尔兹著，甄
颖译，2020 年，天地出版社。

[11] 《アドラー心理学の基礎》ルドルフ・ドライカース著、宮野栄
訳、野田俊作監訳（一光社）。

[12] 《アドラー心理学教科書》野田俊作監修（ヒューマン・ギルド
出版部）。

[13] 《阿德勒谈心理 1：性格是可以改变的》，[日]野田俊作著，余亮 阎译，2017 年，枫书坊。

[14] 《阿德勒谈心理 4：赋予勇气的方法》，[日]野田俊作著，杨家昌 译，2017 年，枫书坊。

[15] 《像阿德勒一样思考和生活》，[日]岸见一郎著，郑舜珑译， 2018 年，上海文化出版社。

[16] 《＜森・黒沢のワークショップで学ぶ＞解決志向ブリーフセラ ピー》森俊夫・黒沢幸子著（ほんの森出版）。

指南针
负责指北

为自我成长指明方向

《不要只问结果：如何打造一支灵活应变的团队》

让你的团队扛得住风险，无惧瞬息之变

松下集团、朝日新闻等知名日企管理者都在实践的管理技能

《一对一沟通术》

世界 500 强企业都在用的省时高效沟通术

让你的人可用、好用，更耐用

《为什么你总是半途而废》

致做什么事情都行动不起来，坚持不了多久的你

不拼个人意志力，也能轻松把事干完、干爽、干漂亮

《一切从目标开始》

熊本熊之父的超级工作计划术

专治怕麻烦、工作效率低下、工作杂乱无章